北京市属高校分类发展项目"'两区'建设助力扩大开放，实现首都高质量发展"

北京市教育委员会科研计划项目"价值链分工视角下京津冀产业协同发展的逻辑、经验与路径研究"（项目编号：SM202310038014）

中国国家价值链、流通业发展与经济增长

ZHONGGUO GUOJIA JIAZHILIAN,
LIUTONGYE FAZHAN YU JINGJI ZENGZHANG

陈锦然◎著

中国财经出版传媒集团

经济科学出版社
Economic Science Press

·北京·

图书在版编目（CIP）数据

中国国家价值链、流通业发展与经济增长／陈锦然
著．-- 北京：经济科学出版社，2024.1
ISBN 978 - 7 - 5218 - 5558 - 6

Ⅰ.①中…　Ⅱ.①陈…　Ⅲ.①流通业 - 研究 - 中国 ②
中国经济 - 经济增长 - 研究　Ⅳ.①F723 ②F124.1

中国国家版本馆 CIP 数据核字（2024）第 035275 号

责任编辑：杜　鹏　武献杰　常家凤
责任校对：齐　杰
责任印制：邱　天

中国国家价值链、流通业发展与经济增长

陈锦然◎著

经济科学出版社出版、发行　新华书店经销
社址：北京市海淀区阜成路甲 28 号　邮编：100142
编辑部电话：010 - 88191441　发行部电话：010 - 88191522
网址：www. esp. com. cn
电子邮箱：esp_bj@ 163. com
天猫网店：经济科学出版社旗舰店
网址：http：// jjkxcbs. tmall. com
固安华明印业有限公司印装
710 × 1000　16 开　12.5 印张　200000 字
2024 年 1 月第 1 版　2024 年 1 月第 1 次印刷
ISBN 978 - 7 - 5218 - 5558 - 6　定价：99. 00 元
（图书出现印装问题，本社负责调换。电话：010 - 88191545）
（版权所有　侵权必究　打击盗版　举报热线：010 - 88191661
QQ：2242791300　营销中心电话：010 - 88191537
电子邮箱：dbts@ esp. com. cn）

前　言

　　综合当前国际经济格局变动，世界市场萎缩的外部现实挑战，以及国内内需潜力不断释放，现代工业体系门类齐全的内部客观优势，与积极融入全球价值链、寻求地位攀升形成并举和对照，国家价值链分工体系构建逐步引起了研究重视。与此同时，在加快形成新发展格局的背景下，流通业的作用更加突出，不仅在于促进国内国际两个市场的有效对接、深度接轨，更是为优化国内市场环境、促进统一市场形成、实现深化国家价值链分工体系构建的目标奠定基础。因此，本书研究聚焦国家价值链的经济增长效应及其与流通业发展的相互间作用关系具有重要的现实意义。

　　本书运用增加值分解核算与投入产出分析法，使用2007年、2010年、2012年和2015年中国区域间投入产出表，对单一型和复合型国家价值链的前向参与度和后向参与度进行测算，并基于流通业的定义与内涵，围绕流通业发展规模、流通业发展结构、流通业发展效率、流通业发展设施四个细分维度对流通业发展水平进行测度。在深入区分、定义不同价值链构建类型（包括单一型和复合型）和不同价值链参与类型（包括前向参与和后向参与）的基础上，本书细致考察了国家价值链对于经济增长的影响，并且进一步针对流通业发展对于国家价值链经济增长效应发挥的潜在影响展开研究，从而基于价值链的构建与参与类型以及流通业发展的视角，拓展了国家价值链经济增长效应的研究框架。此外，本书还引入了针对互联网发展的门限效应与全球价值链的互动效应的考察，以期为深入认识、深度激发国家价值链与流通业发展的经济增长效应提供进一步的经验证据。

基于理论与实证分析，本书主要得到了以下五个方面的研究发现。

第一，关于国家价值链的现实特征。在样本期内，单一型国家价值链参与度呈现总体增长的趋势，而复合型国家价值链参与度则呈现总体缩减的趋势，并且单一型国家价值链以前向参与为主，而复合型国家价值链则以后向参与为主。此外，单一型国家价值链参与度较高的省份主要集中在中西部和东北地区，以及自然资源型行业；沿海和京津地区，以及技术密集型和劳动密集型行业的单一型国家价值链参与度则较低。复合型国家价值链参与度较高的省份主要集中在沿海和京津地区，以及资本密集型行业；中西部地区，以及服务业的复合型国家价值链参与度则较低。

第二，关于国家价值链与经济增长。国家价值链有益于经济增长，并且专业化水平提升和资源配置优化、技术溢出、产业关联是潜在作用机制。但值得注意的是，相较仅限于本国市场的单一型国家价值链，只有构建在国内国际市场联动基础上的复合型国家价值链，才能真正发挥上述积极作用，并且主要由复合型国家价值链的前向参与所呈现。从而，国家价值链的构建不能限于本国市场的思路，应在坚持高水平开放原则的基础上，吸收经济全球化的有益成果，并积极融入世界市场。此外，在不同要素密集型行业、经济区域、市场环境下国家价值链的经济增长效应存在差异。平均而言，在劳动密集型行业、中部与西部区域、高水平市场环境中，国家价值链的经济增长效应更为明显。

第三，关于国家价值链、流通业发展与经济增长。流通业发展不仅将"直接"发挥促进经济增长的积极作用，而且还将通过助益国家价值链经济增长效应的释放，"间接"促进经济增长。此外，在不同要素密集型行业、经济区域、市场环境下流通业发展的作用存在差异。平均而言，流通业发展的"直接"作用在劳动密集型行业、东部与中部区域中体现得更为明显，而在非劳动密集型行业、中部与西部区域中，流通业发展的"间接"作用更为明显。然而，流通业发展的"直接"作用与"间接"作用，均在高水平市场环境中得到了更为明显的体现。

第四，关于互联网发展的门限效应拓展分析。在不同的互联网发展水平阶段，流通业发展存在着对于国家价值链经济增长效应的异质性影响，当且仅当互联网发展水平处于中等阶段时，整体以及各细分层面的流通业发展水平将发挥对于国家价值链经济增长效应的促进作用。因此，为进一步发挥互联网的正向作用，在推进互联网整体水平提升、缩小地区间"数字鸿沟"的基础上，也应当重视协同互联网发展步伐，出台配套的产业政策。

第五，关于全球价值链的互动效应拓展分析。全球价值链表现出了显著的经济增长促进作用，并且流通业发展同样表现出了促进全球价值链经济增长效应释放的积极作用。此外，在控制了全球价值链的影响后，国家价值链、流通业发展对于经济增长的影响，以及两者间的互动关系仍然存在。

在全球经贸格局不确定性愈演愈烈的现实背景下，面对国内经济高质量发展与现代化经济体系建设的客观需求，深化国家价值链分工与贸易、推进现代流通体系建设对于中国经济行稳致远具有重要的现实意义。本书研究对于推进中国国家价值链构建、流通业发展水平提升与经济可持续性增长具有重要的参考价值。

　　本书是北京市属高校分类发展项目"'两区'建设助力扩大开放，实现首都高质量发展"和北京市教育委员会科研计划项目"价值链分工视角下京津冀产业协同发展的逻辑、经验与路径研究"（项目编号：SM202310038014）的资助成果，在此表示衷心的感谢。

　　鉴于才学所限，本书难免存在不足之处，敬请各界专家学者批评指正。

陈锦然

2023 年 10 月

目　　录

| 第1章 |

绪　　论

1.1　研究背景与问题提出

1.1.1　研究背景

一直以来，嵌入全球价值链（global value chain，GVC）为中国经济高速增长注入了强大动力，但近年来也愈发凸显出如何摆脱"低端锁定"的紧迫问题，向全球价值链中高端迈进是构建形成对外开放新格局和促进中国经济高质量发展的必然要求。在强调全球价值链攀升的同时，尤其是在当前国际经贸形势风云变幻、贸易保护主义重新抬头的新情况下，依托国内市场比较优势，构建区域间有序分工的国家价值链（national value chain，NVC），逐步引起了研究重视[①]。作为具有完备工业体系与庞大国内市场的世界经济大国，中国有需求、有能力、有条件建设国家价值链，而从国家价值链的战略必然性出发，一个值得思考与回答的问题是，深化国家价值链分工能够激发可持续的经济增长动力吗？

[①] 本书的"国家价值链"概念与既有研究中"国内价值链"的概念基本一致，即反映以本国市场的要素为支撑、由本国企业掌握核心环节、基于本国市场需求的价值链类型（黎峰，2017）。但区别于部分研究将"国内价值链"的测度限定于本国市场（沈剑飞，2018；邵朝对和苏丹妮，2019），本书所探讨的"国家价值链"不只限于本国市场的范围，还在进一步细分的复合型国家价值链测度中考虑了与世界市场的联系（谢莉娟和陈锦然，2022）。

与全球价值链不同，国家价值链强调基于本国市场需求、由本国企业主导区域资源整合，注重培养基于内生增长能力的内在循环体系。国家价值链的出现赋予了国内区域间经贸往来更为深刻的内涵，使其不再仅仅停留在以最终品价值实现为目的的交换层面，而是更多地表现为以促进市场循环、产业循环、供需循环为主的内循环过程中的关键组成。从而，相较于中国企业参与全球价值链时所面临的价值链主要收益由发达国家掌握、价值链嵌入地位较低等"尴尬"困境，国家价值链可以通过更好地整合国内区域间要素禀赋、促进国内区域间产业联动、主导价值链高附加值环节的方式在一定程度上予以避免，并为经济增长带来积极作用。然而，类似于不同国家和地区之间的全球价值链分工体系，国家价值链的构建同样建立在产业错位发展的基础上，需要区域发挥各自的比较优势，这亦可能造成国内各区域在参与国家价值链时"复刻"与全球价值链类似的在价值分配层面存在不均的问题，从而带来对经济增长的不利影响。正因如此，在中国贯彻新发展理念、构建新发展格局、推动高质量发展的时代背景下，亟须思考国家价值链的构建能否推动地区经济增长这一问题。

诚然，在以中国为代表的大国发展模式中，具有人口众多、幅员辽阔、国内市场规模庞大和区域间比较优势突出的典型特征，为构建国家价值链分工体系提供了诸多先验条件。但与此同时，也应当注意到国家价值链构建仍然面临着若干现实挑战。党的十八大以来，中国流通领域改革卓有成效，内贸流通体系实现了快速发展，全国骨干流通网络逐步建立，这都为国家价值链构建所需的商品、要素、资源能够全面自由流通的国内统一大市场提供支持性作用奠定了良好基础。但在当前阶段，中国流通体系现代化程度仍然不高，流通业发展中存在着诸多"堵点"亟待疏通，例如，经营规模偏小、现代化水平偏弱、流通效率偏低，等等。

事实上，流通作为联系生产和消费的重要环节，在社会经济运行中长期发挥着重要作用。在当前构建新发展格局的背景下，流通业发展的现实意义更加凸显。具体而言，首先，流通业作为国民经济的支柱性产业，不仅是国内生产总值的重要贡献来源，也发挥着吸纳劳动力就业、促进社会再分配、提供生产与消费的物质资料和服务等基础性作用。以 2019 年的数据为例，批发和零售业与交通运输、仓储和邮政业的增加值占比分别达到 9.7% 与 4.3%，城镇就业人数占比分别达到 25.3% 与 3.2%①。其次，流通业扮演着盘活国内循环体系的"大动脉"角色，流通业的运行发展深刻影响着社会再生产进程，决定着社会生产、分配、交换和消费的质量与效率，为国家价值链的构建奠定基础。最后，流通业的发展水平很大程度上决定了市场开拓能力的高低，是地区乃至国家经济竞争力的重要组成部分，并且流通业位居价值链分工体系中的高附加值环节，流通业发展水平的提升将有益于实现全球价值链地位攀升的目标。

由此，在当前国际经济格局变动和加快构建新发展格局的关键时期，有必要重新认识国家价值链与经济增长之间的关系，聚焦国家价值链能否成为推动经济高质量发展和持续增长新动能的研究问题。与此同时，正如习近平总书记所强调的，"流通体系在国民经济中发挥着基础性作用，构建新发展格局，必须把建设现代流通体系作为一项重要战略任务来抓"②，探究流通业能否发挥助益国家价值链经济增长效应显现的积极作用同样具有十分重要的现实意义。本书将为上述研究问题提供更多的理论与经验证据。

1.1.2 问题提出

本书结合中国强大国内市场、释放经济发展潜力的现实需求，以及国际经贸形势风云变幻、"逆全球化"势力渐起的客观背景，研究与国家价值链、流通业发展、地区经济增长密切相关的若干重要问题。具体而言，本书的研究问题主要涉及以下四个方面。

第一，聚焦国家价值链对经济增长的影响。具体而言，国家价值链将为经济增长带来怎样影响？区分价值链构建类型（包括单一型和复合型）和价值链参与类型（包括前向参与和后向参与）的国家价值链是否存在对于经济增长的异质性影响？在不同的经济区域、行业类型、市场环境中，国家价值

---

① 国家统计局. 2020 中国统计年鉴 [M]. 北京：中国统计出版社，2020.
② 习近平. 统筹推进现代流通体系建设 为构建新发展格局提供有力支撑 [N]. 人民日报，2020 - 09 - 10.

链经济增长效应是否存在差异？

第二，聚焦流通业对国家价值链经济增长效应的影响。具体而言，流通业作为连通生产与消费的纽带，能否发挥基础性、支柱性作用，促进国家价值链经济增长效应的显现？流通业的作用发挥在不同的经济区域、行业类型、市场环境中，是否存在异质性？

第三，引入互联网发展门限效应的拓展分析。考虑到互联网作为重要的数字基础设施，是影响流通业数字化转型的关键因素，本书进一步引入互联网发展门限效应展开拓展分析，主要考察在不同的互联网发展水平阶段内，流通业对于国家价值链经济增长效应是否存在异质性影响。

第四，引入全球价值链互动效应的拓展分析。考虑到积极融入全球价值链，是实现高水平开放的重要方式，对于构建国内国际经济互联互通新机制具有重要意义，本书进一步引入全球价值链互动效应展开拓展分析，主要考察全球价值链对于经济增长的影响，以及流通业能否发挥促进全球价值链经济增长效应显现的积极作用。

对于上述问题的解答有助于进一步评价与认识国家价值链与流通业发展对于经济增长的作用，以及国家价值链与流通业发展在推动经济增长进程中的互动关系，对于推动中国国家价值链构建、流通业发展水平提升与经济高质量增长具有重大意义。因此，本书试图围绕国家价值链经济增长效应，以及流通业发展潜在作用的相关问题展开系统研究，以期为中国国家价值链、流通业发展和经济增长间的相互关系提供全面认识。

1.2　研究意义

1.2.1　理论意义

在一段时期内，围绕价值链的相关研究基本均聚焦全球价值链展开，但近年来伴随着价值链分工在一国内部的延伸发展，国内外均有研究开始关注国家价值链研究的重要性（Meng，2016；邵朝对等，2018；Beverelli et al.，

2019）。事实上，特别是在中国这样一个拥有超大规模国内市场以及完整工业体系的国家，更需要关注国家价值链的相关问题。具体而言，已有研究围绕国家价值链在生产率提升与技术进步、就业与收入分配、全球价值链的互动效应等方面的经济效应展开了一系列研究，并普遍得出了支持性的结论（Amiti and Wei，2009；Baldwin and Yan，2014；Taglioni and Winkler，2016；邵朝对和苏丹妮，2019；苏丹妮等，2019；盛斌等，2020；黎峰，2020；谢莉娟等，2021）。

在围绕国家价值链的经济效应分析的文献中，与本书研究问题最相关的是聚焦国家价值链与经济增长的研究。具体而言，苏丹妮等（2019）的研究指出，国内价值链分工网络具有经济增长溢出效应，并且主要表现为制造后阶段的后向溢出效应。盛斌等（2020）的研究发现，全球价值链与国内价值链均能促进经济增长，并且国内价值链下游参与和全球价值链在促进经济增长方面存在互补关系。高敬峰和王彬（2020）的研究同样发现了全球价值链与国内价值链在推动地区经济增长方面的积极作用。

既有文献为深入认识国家价值链与经济增长的关系提供了宝贵的思路与借鉴，但仍然存在深入挖掘的空间。具体而言，针对国家价值链的理论分析与定量测度，均有待结合高水平开放的时代背景与研究问题，在理论与实证层面进行更为贴近现实的区分探讨。更进一步地，如果从宏观角度对国家价值链展开认识，国家价值链实际上包括了区域间的生产、分配、交换和消费等过程，蕴含着构建"内循环"的核心思想，而流通业作为畅通"内循环"的关键基础，理论上将对国家价值链的经济增长效应产生影响。因此，有必要在考虑流通业发展的情境下，展开对于国家价值链与地区经济增长相关问题的探讨，然而这在现有研究中较为匮乏。鉴于此，本书围绕国家价值链、流通业发展与经济增长的相关问题展开探讨，将有益于对既有研究的理论补充。

1.2.2　现实意义

近年来，国际社会已出现贸易保护主义重新抬头的风云变幻之势，世界市场中潜伏着更大的不稳定性和不确定性。面向未来，除了要继续推进高水平的对外开放、积极参与国际经济循环，中国经济的长远发展更要"于变局中开新局"。从当前现实出发，依托国内大市场主动加强经济"内循环"，不仅是助力中国经济化危为机的迫切之举，更是中国经济实现稳中向好的长远之策。在这一现实背景下，构建完善国家价值链、打造现代流通体系的重要性和迫切性不言而喻。

类似于全球分工与贸易体系，立足本国市场的分工贸易网络同样需要区域经济发挥各自的比较优势，这不仅要建立在产业错位发展、分工联动的基础上，还要依托商品、要素、资源能够全面自由流通的国内统一大市场，打通生产、分配、交换、消费各环节，使其有序衔接。而流通业作为畅通经济循环、连通生产和消费的重要环节，流通业发展水平的提升不仅将有益于推动国内区际间市场，以及国内国际市场的有效对接与深度接轨，更为重要的是，对于完善国内市场运行机制、改善市场环境、推动形成统一市场具有关键影响。因此，要实现国家价值链的构建与完善，推动国家价值链释放地区经济增长的促进作用，有必要引入流通业发展的综合因素来展开研究。

鉴于此，本书围绕国家价值链的构建以及流通业发展的综合因素促进国家价值链经济增长效应释放的相关研究具有丰富的现实意义。

1.3 研究对象

1.3.1 国家价值链

价值链的出现，使得分工与贸易对象从产业层次深入到产品生产过程及工序层次，实现了市场一体化与生产分散化的统一（Taglioni and Winkler, 2016）。与全球价值链相似，国家价值链的本质内涵同样在于将某一产品在同一经济区位的连续生产过程转化为某一产品的各道工序在不同经济区位的分散化生产，涉及大量中间品的跨区域贸易，并且具有以下两个基本特点：第一，最终产品的生产过程由多个连续的过程或环节构成，且这些过程或环节可拆解；第二，两个或两个以上的生产主体在产品生产过程的某一阶段从事专业化生产，提供价值增值，并且在不同生产阶段的价值分配存在差异①。

考虑到国家价值链实际构建与参与类型的差异可能会对地区经济增长带来不同影响，因此，本书在黎峰（2018、2020）研究的基础上加以改进，结合现有数据条件，依据国家价值链构建与参与类型的不同情况，在复杂价值链分工模式下，区分国家价值链构建类型进行研究分析，具体包括"一头在内，一头在外"的复合型国家价值链与"两头在内"的单一型国家价值链，并进一步根据价值链参与类型，区分了复合型和单一型国家价值链的前向参与和后向参与。

具体而言，本书定义复合型国家价值链前向参与为国内区域以中间产品形式从国内流出并经过国内其他区域加工后再次出口的类型，而复合型国家价值链后向参与为国内区域的国内流出中包含国外增加值的类型，可以看出，复合型国家价值链实际上反映了国内市场主导的全球价值链与国家价值链共生背景下的价值链分工类型。而本书定义单一型国家价值链前向参与为国内区域以中间产品形式从国内流出并经过国内其他区域加工后再次国内流出的类型，而单一型国家价值链后向参与为国内区域的国内流出中包含国内其他区域增加值的类型，可以看出，单一型国家价值链实际上反映了从原始投入、生产过程、最终使用完全布局于国内市场的价值链分工类型。

1.3.2　流通业

针对流通业的概念，国内外现有研究尚未达成一致认识，以流通业的提法为例，现有研究中相关的提法包括商品流通业、内贸流通业、商贸流通服务业、商贸服务业、商业服务业、商务服务业等（祝合良，2018），这些名词虽均与流通业密切相关，但在定义与范围上存在着一定区别。

一般认为，流通业可以分为广义流通业和狭义流通业。其中，广义流通

---

① 需要说明的是，已有文献中有诸多与价值链等价的术语，包括价值链切片化（slicing the value chain）、生产分割（fragmentation of production）、垂直专业化（vertical specialization）、内部中间品贸易（intra-mediate trade），它们都暗含了以专业化分工和中间品贸易为特征的产品生产分散化现象。

业通常包含与社会总资金运动相关的领域，涵盖了流通业的全部部门，涉及零售业、批发业、餐饮业、住宿业、金融业、保险业、物流业等（林文益，1995）。而狭义流通业则仅包含与商品流通活动密切相关的若干部门，但不同学者对于狭义流通业中的行业构成与分类也有着迥异观点。例如，马龙龙（2006）将流通业划分为物流业和专门从事商流媒介的交易流通业，同时将消费者组成的以流通活动为主的消费合作社与生产者利用自身剩余流通能力服务其他企业的情况也纳入流通业；杜丹清（2008）则将流通业划分为主体部分和外延部分，其中，主体部分即商业，包括批发业、零售业、餐饮业，而外延部分即为商业提供服务的行业，包括仓储业、运输业、供销业等，贾履让（1994）、乔均（2000）也持类似观点；洪涛（2011）的观点则认为，流通业是商品或服务的流通组织载体，包括实物商品贸易活动组织、服务商品贸易活动组织、进出口贸易活动组织、生产企业分销渠道组织。

综合已有研究针对流通业的定义探讨，本书基于数据可获得性的考虑，将在狭义流通业的范畴下对本书的流通业进行定量测度与分析。具体而言，本书流通业涉及的部门可以分为：第一，专门从事商品流通的行业，包括批发和零售业；第二，专门为商品流通提供服务的行业，包括交通运输、仓储和邮政业。

1.4　研究框架

本书后续各章节的安排如下。

第 2 章是文献综述。本章围绕价值链、流通业的相关研究展开了文献梳理。其中，针对价值链的相关文献主要包括价值链的定量核算、价值链的影响因素、价值链的经济效应三部分内容。针对流通业的相关文献主要包括流通理论内涵的基本认识、流通业对价值链的影响两部分内容。在文献梳理的基础上，本章针对现有的研究成果进行了评述，并指出了现有研究的不足之处。

第 3 章是针对价值链的主流测度方法以及中国国家价值链现实特征的介

绍。本章对价值链定量测度的主流方法进行了解释与比较，并对国家价值链测度所需的基础数据进行了说明与处理。在此基础上，结合数据可得性与方法适用性的综合考虑，本章使用2007年、2010年、2012年和2015年的中国区域间投入产出表对对应年份的中国国家价值链参与度展开测算，并对其现实特征进行分析刻画。

第4章是针对国家价值链、流通业发展与经济增长相关问题的一个基本分析。具体而言，本章围绕国家价值链影响经济增长的潜在机理、不同价值链构建类型的异质性影响、不同价值链参与类型的异质性影响、流通业对经济增长以及国家价值链经济增长效应的影响四个维度展开了理论分析。在理论分析的基础上，本章区分国家价值链构建类型与参与类型，围绕国家价值链对于经济增长的影响进行了实证检验，并进一步引入流通业发展水平，对其作用进行了考察。

第5章引入互联网发展的门限效应展开拓展分析。具体而言，结合当前中国数字信息化蓬勃发展与产业数字化高速转型的现实情境，以及互联网高速发展对流通业现代化转型潜在影响的考虑，本章进一步在不同互联网普及程度下，针对流通业发展水平对国家价值链经济增长效应的异质性影响进行了拓展性的理论分析与实证检验。

第6章引入全球价值链互动效应展开拓展分析。具体而言，结合国内区域经济一体化和经济全球化背景下国内贸易和国际贸易并行不悖的客观事实，本章进一步从国家价值链和全球价值链的互动视角出发，考察全球价值链对于经济增长的影响，以及流通业对于全球价值链经济增长效应显现所发挥的作用。

第7章是研究总结与政策启示部分。本章给出了全书的研究结论、政策启示和未来的研究展望。

第 2 章

文献综述

本章旨在通过梳理既有文献，进行观点总结并阐明现有研究空缺。具体而言，本章主要围绕下述五个方面展开文献综述：其一，根据研究内容进行分类，并梳理价值链研究领域的核心文献，把握现有价值链研究领域的主要研究方向；其二，对价值链定量测度的相关文献进行介绍，着重解释不同测度方法的核心思想和发展演变，以及基于价值链定量测度的典型事实发现；其三，在对既有文献进行梳理的基础上，分析影响价值链的主要因素；其四，基于对既有文献的梳理，对价值链的经济效应展开分析；其五，对价值链既有文献中与流通业相关的研究进行梳理。

2.1　价值链的研究概述

得益于信息和通信技术的进步，以及发展中国家广泛的经济自由化和地缘政治变化，以产品内垂直生产网络为主要特征的全球价值链在过去二十余年间快速发展，并极大地重塑了世界分工与贸易格局（De Medeiros and Trebat，2017）。伴随而来的是大量围绕价值链的相关研究涌现，已有研究主要集中在以下三个方面。

第一，价值链的定量测度，主要包括增加值分解测算（Hummels et al.，2001；Koopman et al.，2010，2014；Johnson and Noguera，2012；Stehrer，2012；

Wang et al.，2013；王直等，2015；Borin and Mancini，2019；Miroudot and Ye，2020）和价值链位置与长度测算（Fally et al.，2012；Antràs et al.，2012；Wang et al.，2017），以及上述方法在微观层面的拓展应用（Upward et al.，2013；Chor et al.，2014；Kee and Tang，2016）。文献不仅实现了对价值链分工的定量刻画，更为重要的是，为后续围绕价值链展开的一系列实证研究提供了有力的分析工具。

第二，价值链的影响因素，主要包括外部环境（Helpman et al.，2008；Macchiavello，2012；盛斌和景光正，2019）、市场规模与结构（Jones，2011；Parteka and Tamberi，2013；戴翔等，2017）、中间品投入（Humphrey and Schmitz，2002；Bas and Strauss-Kahn，2015；诸竹君等，2018）、企业异质性（Antràs，2003；Antràs and Chor，2013；吕越等，2015）。

第三，价值链的经济效应，主要包括生产率与经济增长（Chiarvesio et al.，2010；吕越等，2017；刘维刚等，2017；Qu et al.，2020；盛斌等，2020；谢莉娟等，2021）、经济周期联动（Kose and Yi，2006；潘文卿等，2015；Duval et al.，2016；邵朝对等，2018）、创新与技术进步（Taglioni and Winkler，2016；张杰和郑文平，2017；吕越等，2018；邵朝对和苏丹妮，2019）、收入就业与劳动力（Geishecker and Görg，2008；蒋为和黄玖立，2014；Lin et al.，2018）。而本书所关注的研究问题正是属于价值链的经济效应这一范畴。

在一段时期内，围绕价值链的相关研究基本均聚焦全球价值链展开，但近年来伴随着价值链分工在一国内部的延伸发展，国内外均有研究开始关注国家价值链研究的重要性（Meng，2016；李跟强和潘文卿，2016；邵朝对等，2018；Beverelli et al.，2019）。

事实上，特别是在中国这样一个拥有超大规模国内市场，以及完整工业体系的国家，更需要关注国家价值链的相关问题。具体而言，借助贸易统计数据和投入产出表，或中国海关进出口数据库和中国工业企业数据库等微观数据，通过拓展改进全球价值链测度的经典方法，已有研究实现在宏观视角，包括地区层面（Meng，2016；苏庆义，2016；潘文卿和李跟强，2018；Beverelli et al.，2019）、地区—产业层面（Liu and Lin，2019；潘文卿和赵颖异，2019；谢莉娟等，2021）、双边层面（邵朝对和苏丹妮，2019），以及微观视角（吕越等，2016）下对中国国家价值链，以及中国国内区域参与全球价值链的定量测度，并围绕国家价值链在生产率提升与技术进步、就业与收入分配、全球价值链的互动效应等方面的经济效应展开了一系列的深入研究（Amiti and Wei，2009；Baldwin and Yan，2014；Taglioni and Winkler，2016；邵朝对和苏丹妮，2019；苏丹妮等，2019；盛斌等，2020；黎峰，2020；谢莉娟等，2021）。

2.2 价值链的定量测度

已有围绕价值链定量测度的相关研究，主要包括增加值分解测算和价值链位置与长度测算，以及上述方法在微观层面的拓展应用。相关文献不仅实现了对价值链分工活动的定量刻画，更为重要的是，为后续围绕价值链展开的一系列实证研究提供了有力分析工具。

2.2.1 宏观层面测度

2.2.1.1 增加值分解测算

结合价值链分工"碎片化"的生产阶段与空间布局的显著特征，胡梅尔斯等（Hummels et al.，2001）首次定义了垂直专业化，并利用投入产出方法测度了一国出口中的进口份额，以及一国出口中被用作他国再出口的份额，实现了对一国参与国际垂直专业化分工程度的测度，即 HIY 方法。但 HIY 方法有两个潜在假设，第一，一国最终产品生产与出口产品生产所需的进口中间品比重相同，这在以出口加工型贸易为主的国家（如中国、墨西哥）中难以成立；第二，一国进口产品内不包含回流成分，这在现实的价值链分工情形中也是难以成立的。因此，后续的增加值分解测算方法放松了上述两个假设条件，借助投入产出方法，对贸易价值增值的来源或去向进行分解，捕捉价值链分工框架下增加值的真实构成（Koopman et al.，2010、

2014；Johnson and Noguera，2012；Stehrer，2012；Wang et al.，2013；王直等，2015；Borin and Mancini，2019；Miroudot and Ye，2020）。

上述增加值分解测算文献多基于国际投入产出表，对全球价值链展开定量测度。事实上，价值链分工不仅存在于全球视角下的国家与国家之间，也广泛存在于一定区域范围内的各个国家之间，或一国内部的各区域之间。因此，部分研究着眼于国家间经济共同体在全球价值链参与过程中形成的内外部关联展开了一系列有益分析（Athukorala and Kohpaiboon，2009；Kim et al.，2011；刘重力和赵颖，2014）。更进一步地，在增加值分解框架下，一系列研究开始借助各国（或各区域）间投入产出表或一国内部的区域间投入产出表，实现了对一定区域范围内的国家间，以及一国内部各区域间参与价值链所创造的增加值的测度，将增加值分解框架的运用拓展到了区域价值链与国家价值链领域中。

具体而言，针对某一特定区域范围内各国间的价值链分工与贸易往来，潘文卿和李跟强（2018）借助 2005 年各国或各区域投入产出表（TIIO），实现了对中国国内 7 大区域与亚太地区内其余 5 大主要经济体间的价值链贸易增加值组成的测算。研究发现，中国国内各区域参与国家价值链的增加值收益要显著高于参与全球价值链创造的增加值，但从增加值关联来看，沿海地区更多表现为与美国、日本的联系，而内陆地区则更多表现为与沿海地区的联系。

进一步延伸到一国内部各区域间的价值链贸易增加值分解，已有研究主要基于一国内部的区域间投入产出表展开。例如，孟（Meng，2016）在贸易增加值分解框架下对中国 2002 年和 2007 年 8 大区域的区域间贸易往来、垂直专业化程度、国内增加值贸易、增加值视角下的比较优势进行了系统测算与分析。苏庆义（2016）构建了中国内部各地区出口增加值分解框架，在省级分产业层面将出口增加值来源分解为本省增加值、国内其他省份增加值、进口增加值、回流增加值。研究发现，本省增加值占据了最高的增加值来源份额，而回流增加值的份额最低。倪红福和夏杰长（2016）、李跟强和潘文卿（2016）对中国国内各区域的垂直专业化程度进行测度。研究发现，中国垂直专业化程度的上升主要是由于国内和国外以及沿海地区和内陆地区间的经济关联差异性升高，并且中国沿海地区和内陆地区表现出了在全球价值链参与过程中的垂直专业化程度和增加值供给偏好的差异。黎峰（2016）在对国家价值链贸易创造的增加值进行分解测算的基础上，度量了中国国家价值链的分工水平、分工地位、分工参与度以及收益。研究发现，全球价值链虽然在一定程度上阻碍了整体层面的国家价值链发展，但对于各区域的国家价值链参与度的提升起到积极作用，此外，沿海地区的国家价值链分工参与度、地位、收益均小于内陆地区。

2.2.1.2 价值链位置与长度测算

增加值分解测算方法为实现价值链定量测度提供了宝贵思路，但部分学者指出，增加值分解测算方法是基于贸易利得的视角实现对价值链的定量测度，其难以反映价值链分工的复杂程度，以及对经济产业结构的影响。因此，针对这一不足，有文献聚焦价值链位置与长度测算的方法，立足价值链的长度和复杂性，对价值链参与主体的位置，以及生产要素传递步长或跨越边境的次数进行测算（倪红福，2019）。

具体而言，已有的价值链位置测算文献中的主要方法包括以下四种。

第一，平均传递步长（average propagation length，APL），即根据产品传递过程中的产业间交易阶段数来反映传递步长（Dietzenbacher et al.，2005、2007；Inomata，2008）。迪岑巴赫等（Dietzenbacher et al.，2005、2007）首次提出了平均传递步长（average propagation length，APL）的概念来测度价值链分工体系中各产业部门间的距离。在此基础上，猪俣（Inomata，2008）将 APL 测度思路扩展到了国家间的价值链分工与贸易网络中。

第二，上（下）游度，其中上游度是从生产端到最终需求端的距离（Fally，2012；Antràs et al.，2012；倪红福等，2016；Antràs and Chor，2017），下游度是产品部门的初始投入要素从生产端到某一特定产品部门的距离（Miller and Temurshoev，2017）。法利（Fally，2012）提供了基于投入产出框架在前后向联系视角下测算生产阶段数的两种方法，包括：（1）每种产品所含的生产阶段数（embodied production stages），即下游度；（2）生产与最终消费之间的生产阶段数（distance to final demand），即上游度。但法利（2012）的测度方法存在三个潜在缺陷，包括：（1）只能测度序贯生产的长度，无法反映蛇或蜘蛛形网络结构，换言之，价值链分工的复杂性难以体现；（2）无法反映出可能受股权结构影响的工厂间生产分割程度；（3）无法区分国内或国外的价值链分工。安特拉斯等（Antràs et al.，2012）明确了上游度（upstreamness）的概念，并且提供了在封闭和开放经济条件下的一种测度上游度（upstreamness）的方法，并论证了其与法利（2012）的测度方法是等价的。安特拉斯和乔（Antràs and Chor，2017）进一步针对国家行业层面，以及加总的国家层面的价值链上游度和下游度测度方法进行了说明与比较，包括：（1）最终使用的上游度（upstreamness from final demands）；（2）从初始要素开始的下游度（downstreamness from primary factors）。

第三，增加值平均传递步长（value average propagation length，VAPL），即增加值视角下的产品传递经历的生产阶段数（Ye et al.，2015；倪红福，2016）。叶等（Ye et al.，2015）构建了一个基于增加值传递视角（value-added propagation process）的统一核算框架，来测度国家、行业与产品层面的生产网络中任意一个生产者与消费者之间的距离，并且同样区分了基于前向联系（traces forward）的吸收地视角（sink perspective）和基于后向联系（traces backward）的来源地视角（source perspective）的计算方法。

第四，生产长度，即在序贯生产中生产要素中的增加值被计为总产出的平均次数（Wang et al.，2017）。虽然上述研究在一定程度上填补了基于序贯生产特征的价值链测度方法的空白，但王等（Wang et al.，2017）指出，由于这些研究使用的是行业部门的总产出而非增加值进行测度，因此，生产长度测度结果通常并不相同。因此，该研究定义生产长度（production length）为价值链序贯生产过程中创造的增加值被计算为总产出的平均次数，并基于 KWW 方法、WWZ 方法的分解思路进行测算。具体而言，王等（2017）分别基于总产出生产函数和行平衡条件（或列平衡条件）进行国家部门层面的增加值生产分解（或最终产品生产分解），并将生产长度进一步分解为纯国内部分、李嘉图贸易部分、全球价值链相关部分，其中，全球价值链相关部分又可以根据跨境次数进一步划分为浅度 GVC（shallow GVC）与深度 GVC（deeper GVC）。在此基础上，测算了基于前向联系与后向联系的生产长度，包括纯国内生产长度、传统贸易部分的生产长度、全球价值链的生产长度，并计算了生产位置。

后续聚焦价值链位置与长度测算方法的相关研究则进一步证明，上述四种测算方法的核心思想实际上均是基于对生产阶段数的加权求和（Johnson，2018）。

基于上述价值链位置与长度测算的主流方法，近年来涌现了一批针对中国价值链位置与长度测算的相关研究。高敬峰（2013）通过测算、比较 2001～2010 年中国制造业的出口价值链长度与中国进口 OECD 国家的制造业产品的价值链长度，发现样本期内中国制造业出口价值链长度不断上升并趋向中国进口 OECD 国家制造业产品的价值链长度，表明中国制造业出口在向价值链相对上游环节移动。倪红福等（2016）拓展运用法利（2012）的生产分工阶段数的测算方法，并将全球生产阶段数分解为国内与国际两部分。研究发现，1995～2011 年中国各部门生产分工阶段数均大幅提升，但受外部环境影响呈现阶段性变化特征。

2.2.2 微观层面测度

伴随着一系列微观数据库的出现，例如，中国工业企业数据库、中国海关贸易数据库等，使得从微观企业层面对价值链活动进行测度成为可能。具体而言，第一，在垂直专业化程度测度方面，狄恩等（Dean et al.，2011）、库普曼等（Koopman et al.，2012）借助投入产出表放松了 HIY 方法中的进口中间品使用强度一致的假设。此外，艾普德等（Upward et al.，2013）利用微观层面企业进出口数据来对不同贸易类型（包括加工贸易、一般贸易）的中间品使用情况进行识别，并将改进后的 HIY 方法拓展到微观层面，从而可以计算微观企业层面的垂直专业化程度，并通过出口占比加权求和以进一步获得行业层面的垂直专业化程度。第二，在生产阶段数测度方面，鞠和余（Ju and Yu，2015）、乔等（Chor et al.，2020）提供了企业层面上游度指标的构造方法，即在借鉴安特拉斯等（Antràs et al.，2012）计算行业层面上游度的基础上，通过企业层面分行业出口占比测度微观企业层面的上游度水平。第三，在出口国内增加值测度方面，基和唐（Kee and Tang，2016）提供了一个经典框架（以下简称 KT 方法）。KT 方法指出，已有研究使用投入产出表计算行业或总体层面的国内增加值时，由于忽略企业异质性将带来加总谬误。为解决这一问题，KT 方法首先测度了微观企业层面的国内增加值，利用微观数据进行测度的一个显著优势在于，通过剥离出国内原材料的国外部分，以及进口原材料的国内部分，可以更为准确地识别出原材料中的国内增加值部分。在此基础上，通过企业出口占比加权求和以获得行业和总体层面的国内增加值，并且考虑到不同贸易类型企业的异质性，同样区分贸易类型进行测算。此外需要说明的是，利用微观数据对国内增加值率进行计算后通过分解，可以进一步分析引起国内增加值率变动的来源，包括纯粹国内增加值率变动，以及行业结构转变驱动的国内增加值率变动。

　　部分文献在价值链微观层面定量测度的基础上，总结有关价值链发展的现实特征，例如，艾普德等（2013）在合并中国工业企业数据库与中国海关贸易数据库的基础上，拓展库普曼等（Koopman et al.，2010）的方法对中国企业出口国内附加值进行测算。研究发现，加工贸易企业的出口国内附加值率相较于一般贸易和混合贸易企业低 50%，并且在 2003~2006 年中国出口国内附加值率整体平均水平仅由 53% 提升为 60%。基和唐（2016）指出，艾普德等（2013）的研究由于忽略企业间接贸易和进口中间品可能造成识别问题，并同样利用中国工业企业数据库和中国海关贸易数据库的合并数据进行测算后发现，2000~2006 年中国加工贸易企业出口国内附加值率由 52% 上升至 60%，与艾普德等（2013）的测算结果存在较大差异。在此基础上，张杰等（2013）对贸易代理商问题、中间投入品间接进口问题、资本品进口问题进行处理后，进一步测算中国企业出口国内附加值率的变化趋势。研究发现，在 2000~2006 年，中国出口国内附加值率平均水平为 52.5%，加工贸易企业出口国内附加值率低于非加工贸易企业，并且中国出口国内附加值率在不同行业间存在较大差异。

2.3　价值链的影响因素

　　价值链分工的发展究竟受到哪些因素的影响？要如何推动价值链分工发

展深化？如何解释不同国家、地区、行业间存在的价值链分工水平的差异？要回答上述一系列问题，就需要对价值链的影响因素进行分析探讨。现有围绕价值链影响因素的相关研究，主要从外部环境、市场规模与结构、中间品投入、企业异质性的维度展开。

2.3.1　外部环境

已有针对价值链分工外部环境影响因素的文献研究，主要集中在三个方面，包括：第一，跨境贸易开放度；第二，境内要素自由流动程度；第三，配套生产要素与市场环境。

具体而言，在跨境贸易开放度方面，现有研究主要以出口国内增加值率作为贸易自由化对价值链分工影响的评价对象，并且主要从原材料替代、企业进入退出、市场结构、投入品质量效应和要素结构效应的角度展开机制分析。基和唐（2016）的研究指出，贸易自由化将带来加工贸易企业以国内原材料替代进口原材料，从而实现企业出口国内增加值率的提升。在此基础上，彭冬冬和杜运苏（2016）、师少华（2017）的研究发现，一般贸易企业进入或退出出口市场是带来出口国内增加值率整体水平提升的重要原因。李胜旗和毛其淋（2017）则发现，贸易自由化能够缓解上游垄断市场结构对下游企业出口国内增加值率的抑制作用，从而有益于提升出口国内增加值率的整体水平。艾切尔和海兰（Aichele and Heiland，2018）建立了一个结构模型，考察贸易自由化对国际生产分割和全球生产网络形成的影响。研究发现，中国加工区的设立有力提升了其出口国内增加值率，并且中国加入世贸组织是推动其与邻国生产网络增强的有力方式。魏悦羚和张洪胜（2019）的研究指出，贸易自由化主要通过发挥投入品质量效应和要素结构效应，提升了出口国内增加值率。除了以出口国内增加值率作为分析对象外，还有部分研究选择出口返回增加值作为分析对象，检验贸易便利化水平提升对于这种折返式价值链参与模式的影响。例如，刘斌等（2018）的研究发现，贸易便利化有效增加了出口返回增加值，并且主要通过降低服务产品价格来实现，即贸易便利化影响效应的发挥与制造业投入服务化紧密关联。此外，在关注制造业贸易自由化之余，部分研究也开始考察服务业贸易自由化的影响及服务贸易价值链的相关问题。例如，林僖和鲍晓华（2018）的研究指出，区域服务贸易协定对服务业增加值出口具有显著促进作用。

不仅边境贸易自由化和便利化将对价值链分工带来影响，境内要素自由流动程度也同样深刻影响着价值链分工，尤其是在中国国内区域间存在市场分割这一客观事实的情境下，这一方面的因素尤其不容忽视。吕越等（2018）的研究发现，市场分割将对企业出口国内附加值率带来显著负向影响，并且主要通过增加中间品出口、创新抑制、提高加工贸易比重的渠道发挥作用。市场分割的负面影响不仅存在于全球价值链领域，对于国内价值链的负面影响同样值得关注。沈剑飞（2018）指出，市场分割将阻碍地区间分工贸易活动的开展，对国内价值链分工深化带来不利影响。

在配套生产要素与市场环境方面，已有研究主要关注金融发展、信息化与数字经济、研发水平、营商环境等因素的影响。具体针对金融发展影响的研究，如盛斌和景光正（2019）的研究发现市场主导型金融结构能够显著提高全球价值链地位；针对信息化与数字经济的研究，如詹晓宁和欧阳永福（2018）的研究发现数字经济深刻改变了企业国际投资的模式及路径；针对研发水平的研究，如耿晔强和白力芳（2019）的研究发现研发强度提升有益于中国制造业全球价值链地位的攀升；针对营商环境的研究，如杜维斯和扎基（Dovis and Zaki，2020）的研究发现营商环境改善将促进企业参与全球价值链。已有研究除了针对单一因素进行效果评价，部分研究还综合多因素展开机制分析与影响效果检验。例如，赫尔普曼等（Helpman et al.，2008）指出，要素特征、技术水平、市场竞争、制度质量等是驱动价值链地位攀升的重要因素。唐海燕和张会清（2009）的研究也得出相似结论，即产品内分工对价值链地位攀升积极作用的发挥有赖于人力资本、服务质量以及制度环境的发展基础。徐康宁和陈健（2008）分行业从市场规模、交通条件、金融条件、技术基础、信息通信、市场制度、服务业水平等方面检验了影响跨国公司价值链区位分布等因素的效果，并区分制造类、研发类、营运类企业探究上述影响因素的异质性作用。倪红福等（2016）从研发强度、资本密集程度、经济规模、私人信贷强度、人力资本、服务业比重六个方面出发，考察其对于国内价值链分工深度的影响效果，研究发现，研发强度、资本密集程度、经济规模有益于生产分割长度的延伸，而私人信贷强度有碍于生产分割长度的提升，人力资本与服务业比重未显现出对生产分割长度提升的一致作用。米鲁多特（Miroudot，2016）从服务贸易的视角出发，对其自身发展的重要性及其对全球价值链发展的影响展开了论证与测算。

2.3.2　市场规模与结构

围绕外部环境的相关因素探讨对价值链影响的相关研究，主要是从"供给侧"的角度出发，探究如何塑造比较优势从而助益价值链发展，而另外一支围绕市场规模与结构的相关文献，则主要从"需求侧"的角度出发分析影响价值链发展的比较优势来源（戴翔，2017）。具体而言，已有研究主要聚焦市场规模、经济集聚、贸易网络等方面。

针对市场规模，经典理论如本土市场效应理论（Krugman，1980）、国内需求与贸易模式理论（Weder，1996）、需求引致创新理论（Zweimuller and Brunner，2005）均强调扩大市场规模、培育市场竞争优势的重要性。琼斯（Jones，2011）通过案例研究发现，跨国公司在全球范围内的价值链布局调整呈现"东升西降"的变化特征，即将价值链上的高附加值环节逐渐转移至新兴市场国家。事实上，这主要是由于新兴市场国家本土市场规模扩张带来价值链各环节的异质性引力作用，新兴市场国家的本土市场规模增大将推动价值链向高端环节的梯度转移，进而有益于价值链的地位攀升（戴翔等，2017）。

针对经济集聚，早在20世纪90年代即有研究开始关注集聚与价值链的相互作用，奥德雷奇和费尔德曼（Audretsch and Feldman，1996）的研究指出，区域内企业大规模集聚能够有效提升产业价值链地位，并且主要通过规模报酬递增与技术溢出促进技术和创新水平提升的路径发挥作用。李翠锦和荆逢春（2015）、吕越等（2017）从融资约束缓解的视角检验经济集聚创造的比较优势，并进一步提供促进价值链分工发展的经验证据。此外，还有研究立足产业协同的视角，探究生产性服务业集聚对中国制造业全球价值链地位攀升的积极影响。相对于从宏观层面研究经济集聚对于价值链的影响，近年来也有部分文献从微观层面切入探究，例如，卡伊内利等（Cainelli et al.，2018）的研究从企业参与全球价值链的"职能"出发，区分上游供应企业与下游最终企业，考察空间集聚对不同全球价值链参与环节的企业生产率影响，并进一步分析企业生产率所引致的价值链地位的差异。陈旭等（2019）的研究发现，多中心结构对中国制造业企业全球价值链的影响呈现"U"型特征，并且推动市场一体化、要素流动、全要素生产率是多中心结构发挥作用的潜在机制。

针对贸易网络，阿马多尔等（Amador et al.，2018）的研究构建了一个以出口中的国外增加值为权重的贸易网络，以表征全球价值链上参与国的相对地位与重要性，并详细测算分析了包括中国、德国、美国、日本等国在内的全球价值链贸易网络变迁趋势。许和连等（2018）运用贸易增加值核算方法与社会网络分析方法，以服务外包所形成的贸易网络为分析对象，考察其对服务业全球价值链地位的影响。研究发现，服务贸易网络增强对于服务业全球价值链地位攀升具有积极影响，并且生产率提升与技术外溢是服务贸易网络发挥正向作用的潜在机制。马述忠等（2016）的研究则聚焦农产品贸易网络，检验其对农业全球价值链地位的影响，研究结果同样发现了农产品贸易网络积极作用的经验证据。

2.3.3　中间品投入

除了从外部与内部环境角度切入探究相关因素对价值链分工的影响，还有一组文献主要聚焦中间品投入的潜在影响展开研究。

具体而言，部分文献主要关注进口中间品的影响，巴斯和斯特劳斯－卡恩（Bas and Strauss-Kahn，2015）指出，进口中间品在数量和种类维度的双重提升显著拉动了企业出口，是中国"出口奇迹"现象背后的关键因素。后续一系列研究也证实进口中间品质量对于企业生产率、企业加成率等存在影响（Flach，2016；郑亚莉等，2017；魏浩和林薛栋，2017）。诸竹君等（2018）的研究发现，进口中间品质量在静态条件下与企业出口国内增加值率呈负相关，但却具有对企业出口国内增加值率的正向动态效应，并且主要通过产生"加成率效应"和"相对价格效应"实现。黎峰（2017）的研究则聚焦进口中间品数量对国内价值链构建的影响。研究发现，进口中间品的数量增加将推动嵌套于全球价值链的国内价值链分工，并由于替代效应的存在阻碍基于内生能力的国内价值链分工的发展，但进口中间品将有益于国内市场生产规模的扩大和生产效率的提升，并且对基于内生能力的国内价值链分工将带来更大的溢出效应。马丹等（2019）直接研究了中间品配置与国内出口增加值率之间的关系，研究发现，中间品配置将通过出口增加值率效应与出口依存效应对国内参与全球价值链分工的收入份额产生正向影响，并且技术水平发挥显著的调节作用。

此外，还有部分文献从制造业和服务业融合的视角，探讨制造业服务化对价值链升级的影响，例如，刘斌等（2016）的研究发现，制造业服务化不仅有益于价值链参与程度与分工地位的提升，而且能够促进产品升级，并且主要以运输服务化、金融服务化和分销服务化的作用最为突出。菅沼（Suganuma，2016）的研究发现，生产性服务业对于全球价值链分工深化意义重大，包括通过租赁和员工代理实现外包，以及通过移动电信实现与新业务的联系。

2.3.4 企业异质性

企业异质性是近年来贸易研究领域的常见话题，相关研究主要从企业层面对贸易影响的相关因素进行解释，包括生产效率（Melitz，2003；Bernard and Jensen，1999）、融资因素（Manova et al.，2013；Feenstra et al.，2014；Chaney，2016）、产品质量（Schott，2004；Eslava et al.，2013）、盈利能力（De Loecker and Warzynski，2012；De Loecker and Goldberg，2014；De Loecker et al.，2016）、多产品提供能力（Arkolakis et al.，2010）等。

异质性贸易理论在价值链领域下也得到进一步的应用与拓展，包括：第一，在不同要素禀赋或技术水平的国家间如何实现价值链的布局与组织生产（Jones and Kierkowski，2001；Grossman and Rossi-Hansberg，2008；Baldwin and Robert-Nicoud，2014）。需要注意的是，这一类文献研究将价值链分工的各阶段视作一个独立的任务个体，其所处的价值链位置、所需的要素密集度等属性均为外生给定，因此，并不受企业异质性的相关因素的直接影响。第二，在价值链分工格局下，企业一体化经营或外包生产的交易组织形式选择（Antràs，2003；Antràs and Helpman，2004；Grossman and Helpman，2005；Antràs and Chor，2013）。这类研究更多关注价值链分工对企业边界的影响，并且已有研究发现，企业交易组织形式选择，也即企业是否选择参与价值链分工在一定程度上是由企业效率内生决定的。因此，相较于第一类研究，这类研究更多关注企业异质性因素尤其是企业效率的影响。第三，进一步聚焦企业异质性特征与价值链参与两者关系的经验研究。例如，针对融资约束角度，马诺娃和余（Manova and Yu，2012）的研究指出，企业融资约束将限制企业参与价值链的竞争力，融资约束较大将使企业陷入价值链低端锁定的尴尬局面。巴斯和贝尔图（Bas and Berthou，2011）的研究发现，中间品进口作为全球价值链分工的重要内容，进口技术密集型或资本密集型的中间投入品要求企业具备较高的融资能力，因此，融资约束将在一定程度上限制企业进口高技术或高资本中间品，从而影响企业出口品质量的提升。针对企业效率和资本密集度，乔等（Chor et al.，2014）借助中国工业企业数据、海关贸易数据和投入产出表，对中国企业的全球价值链地位进行测算，研究发现，企业效率、资本密集度将对企业价值链地位带来影响。此外，还有部分研究针对多重企业异质性因素进行探究，例如，艾普德等（2013）、张杰等（2013）的研究发现，企业规模、贸易模式、所有制类型等因素都会影响企业参与价值链过程中所获得的出口国内增加值。

2.4　价值链的经济效应

围绕价值链的相关研究中，有文献聚焦价值链的经济效应问题，已有研究价值链经济效应的相关文献主要集中在生产率与经济增长、经济周期联动、创新与技术进步、收入就业与劳动力方面。

2.4.1 生产率与经济增长

现有聚焦价值链对于生产率与经济增长影响的经验研究结论尚未统一，这主要是受到指标度量、行业选择、价值链范围、样本跨度因素的影响。针对全球价值链，阿米蒂和魏（Amiti and Wei，2006）的研究发现，外包对于劳动生产率具有正向影响；葛尔格和汉雷（Görg and Hanley，2005）区分原材料外包和服务外包，发现了两者对企业产出的异质性作用；福尔克和沃尔福迈尔（Falk and Wolfmayr，2008）同样发现了外包的不同类型对于生产率的异质性作用。此外，还有部分研究区分长短期影响、不同要素密集度类型行业、不同所有制企业，考察价值链对于生产率的异质性影响。帕尔和蒂默（Pahl and Timmer，2020）的研究聚焦1970~2008年全球价值链参与对全球主要国家的长期影响。研究发现，全球价值链参与对正规制造业部门的生产率增长具有积极影响，并且当与全球生产率前沿的差距较大时，这种影响就更为显著。

具体聚焦中国的经验研究则大多得到了价值链参与对生产率与经济增长的正向支持的证据。例如，刘庆林等（2010）的研究发现，中国参与价值链分工有益于生产率的提高，但在面对不同的行业类型、价值链参与对象与价值链分工形式时积极作用发挥的程度并不相同，后续聚焦微观企业样本的研究也得到了类似的正向结论（吕越和吕云龙，2016）。此外，还有部分文献探究了价值链参与和经济增长之间的非线性关系。吕越等（2017）发现，全球价值链参与和中国制造业企业生产效率间呈现倒"U"型关系，价值链的正向作用主要通过中间品效应、大市场效应和竞争效应得以发挥，但随着与前沿国家的技术距离不断靠近，上述价值链对生产率的改善效应将逐渐削减。刘维刚等（2017）的研究则发现，国际生产分割对企业生产率的"U"型影响，而整体和国内生产分割则对企业生产率具有倒"U"型影响。

近年来，还有部分文献开始关注国家价值链与全球价值链在生产率和经济增长方面的互动关系。邵朝对和苏丹妮（2017）的研究发现，国内价值链与全球价值链的空间互动放大了全球价值链的生产率外溢效应。盛斌等

（2020）的研究也支持了全球价值链与国内价值链在促进经济增长方面的互补关系，并且发现两者各自均能显著促进经济增长。在此基础上，部分文献进一步区分价值链构建类型并进行考察，例如，陈启斐和巫强（2018）以区域经济协调发展作为评价对象，区分全球价值链离岸外包和基于国内价值链的在岸外包进行考察。研究发现，离岸外包会拉大区域经济协调发展水平差距，具有效率型特征；而在岸外包则将缩小区域经济协调发展水平差距，具有公平型特征。此外，还有研究引入国内市场等拓展性分析因素的视角进行考察，例如，苏丹妮等（2020）区分全球价值链分工地位、上下游环节参与度，在此基础上，考察全球价值链与本地产业集聚对生产率的互动影响。研究发现，企业全球价值链分工地位越高，生产率也越高，但不利于集聚发挥生产率正向溢出作用。进一步区分全球价值链上下游参与的研究发现，全球价值链下游参与度越高，企业与本地产业集聚的空间关联越强，而全球价值链上游参与度则表现出了相反的互动关系。苏丹妮等（2019）则聚焦市场化程度对国内价值链经济增长溢出效应的影响，研究发现，国内价值链分工网络对中国经济增长带来了显著的溢出效应，并且市场化程度提升能够有效增强这一溢出效应的发挥。

2.4.2 经济周期联动

贸易与经济周期联动性的问题最初由弗兰克尔和罗斯（Frankel and Rose，1998）提出，至今已涌现诸多相关的经验研究，在价值链分工发展不断深化的背景下，聚焦价值链与经济周期联动性之间的相互关系业已成为价值链经济效应相关研究的重要研究内容。伯斯坦等（Burstein et al.，2008）的研究发现，传统双边贸易对美国和墨西哥两国产出联动性并不具有显著影响，而价值链分工则与两国经济周期联动性呈正相关关系。伍（Ng，2010）的研究同样发现了价值链分工支持经济周期联动性的经验证据，并且在控制价值链的影响后，传统贸易会减轻经济周期的联动性。进一步基于行业层面的经验研究发现了价值链分工与传统贸易在经济周期联动性方面的互补性作用，迪乔瓦尼和列夫琴科（Di Giovanni and Levchenko，2010）的研究发现，当两国产业部门间的价值链贸易强度越高，则双边贸易将发挥更强的对产业部门间产出联动的促进作用。

上述研究虽然为价值链分工与经济周期联动关系提供了丰富的经验证据，但均面临由于所使用的实证数据不连续所带来的研究结论可信度的挑战。潘文卿等（2015）的研究就在这一基础上，引入1995～2009年WIOD数据库中40国的双边投入产出数据，进一步探究价值链分工与国家间经济周期联动性的关系，研究结论与迪乔瓦尼和列夫琴科（2010）的相似，即价值链分工不仅发挥着促进双边经济周期联动性提升的作用，而且具有加深双边贸易与双边经济周期联动性之间关系的影响。代谦和何祚宇（2015）从垂直专业化的角度切入，研究发现，垂直专业化对国际经济周期波动的影响在领导者与追随者间存在差异。垂直专业化有益于领导者将其内部经济波动向外部传递，并能减缓外部经济波动的冲击，但对于追随者却存在相反的作用。唐宜红等（2018）从贸易增加值视角对全球价值链进行测算并探究其对于经济周期联动性的影响，研究发现，全球价值链是影响经济周期联动性提升的重要因素。迪乔瓦尼等（Di Giovanni et al.，2018）从微观视角切入，利用1993～2007年法国企业层面的增加值和国际联系数据，研究发现价值链贸易显著提升了国际经济周期联动性。

现有研究主要从全球价值链分工的角度考察对于经济周期联动性的影响，但近年来也有研究开始关注区域经济周期联动性与国家价值链的关系，例如，邵朝对等（2018）的研究发现，国内价值链分工具有增强中国区域间经济周期联动性的作用，而区际贸易则具有反向作用。

2.4.3 创新与技术进步

已有围绕价值链分工与创新活动以及技术进步之间关系的研究结论存在分化。支持性观点主要基于"进口中学习"效应抑或"出口中学习"效应，认为中间品进出口作为价值链分工的重要组成，中间品进口有益于降低企业创新成本，中间品出口则可能刺激更高水平的创新研发投入，并且可能存在发达国家向发展中国家的技术指导等支持，从而对创新与技术进步带来积极影响（Fritsch and Görg，2015；López and Yadav，2010）。进一步从中间品进口来看，可以促使发展中国家将核心资源集中分配到富有优势的创新环节，进而强化核心创新能力（Girma and Görg，2004）；从中间品出口来看，由于面对更加开阔的市场，一方面可以提升规模经济，另一方面也会增大竞争效应，从而对本土企业创新行为带来正向影响（Şeker，2012）。

但反对性观点则认为，嵌入价值链分工的积极作用是不可持续的，并且可能会造成发展中国家对于发达国家的依赖，从而对其自主创新能力带来负面影响，即全球价值链具有"俘获"效应（Glass and Saggi，2001）。具体而言，发达国家可能通过设置更高标准的进口产品要求，人为缩短产品技术"淘汰"周期，进而使得提供出口产品的发展中国家被迫走向自主创新能力缺失与价值链依赖的循环路径（Perez-Aleman and Sandilands，2008），或者通过强化专利保护制度，削弱发展中国家自主创新的能力（Pietrobelli and Saliola，2008），更甚之可能对发展中国家实施技术转移门槛或技术封锁（Giuliani et al.，2008）。与此同时，由于代工环节的高替代性，发展中国家间通过低价竞争争夺价值链代工环节的行为压低了利润空间以及研发创新的投入积累（Schmitz，2004）。此外，参与价值链分工能否有效吸收技术外溢与参与主体本身的吸收与学习能力密切相关，只有达到一个最低门限水平才有可能吸收来自价值链分工参与的积极影响（Cohen and Levinthal，1989）。

具体在中国情境下展开研究的也有诸多文献，张杰和郑文平（2017）以中间品进出口活动作为价值链分工的主要评价对象，在全球价值链分工格局中，检验中间品进出口对中国本土企业创新行为的影响。研究发现，中间品出口未对中国本土企业创新行为带来显著影响，而中间品进口的作用具有异质性，表现为促进一般贸易企业的创新行为，但抑制加工贸易企业的创新行为。王玉燕等（2014）针对中国 23 个工业行业的研究发现，嵌入全球价值链与技术进步间呈现倒"U"型关系，即在参与全球价值链的初期，主要通过外溢效应、学习效应等渠道，全球价值链分工发挥积极作用，而当进入全球价值链参与的后期，由于受到发达国家的封锁与抑制，全球价值链参与呈现负面影响。杨等（Yang et al.，2020）的研究也得出了类似的观点。吕越等（2018）利用中国知识产权数据库、中国工业企业数据库、中国海关数据库、世界投入产出表的合并数据，检验发现，全球价值链对中国制造业企业创新研发具有抑制作用，这主要是由于过度依赖进口中间投入所产生的替代效应，以及中国本土企业吸收学习能力不足所导致的。

此外，还有部分文献开始关注国家价值链参与对技术进步和创新的影响，例如，邵朝对和苏丹妮（2019）的研究指出，国内价值链参与不仅能够缩小地区间技术差距，而且能够进一步"矫正"由于全球价值链参与不均所带来的技术差距，而区际双边贸易则发挥着相反影响。国内价值链分工的积极作用主要通过"需求—供给溢出"的渠道发挥作用。

2.4.4　收入就业与劳动力

中间产品外包生产作为价值链分工的重要组成部分，已有诸多研究探讨其对劳动力市场、收入分配等方面的影响。芬斯特拉和汉森（Feenstra and Hanson，1996）研究了中间产品进口占比对国内劳动力市场和收入分配的影响，结果显示，外包增加所带来的中间产品进口占比提升使得美国在 1979～1990 年的非生产工人工资占比增长了 18%～29%。安德顿和布伦顿（Anderton and Brenton，1999）区分了中间产品外包生产对高技术和低技术部门劳动力和工资收入的影响，研究发现，由于相较于高技术部门，低技术部门更易进行外包生产，因此，也更易受到就业冲击。格里纳韦等（Greenaway et al.，1999）则从中间品进口扩大开放的视角切入，发现开放程度的提升将提高劳动效率进而减少劳动需求数量，并且由于国外劳动力替代效应的存在，本国劳动力工资弹性会有所提升。罗德里克（Rodrik，1997）的研究也得出了类似的结论。盛斌和马涛（2008）聚焦中国的中间产品贸易对劳动力市场的影响，研究指出，中国以价值链低端嵌入的方式加入全球价值链，承接了大量集中在价值链低端环节的中间品生产制造活动，这虽然加大了对中国劳动力市场的需求，但也增加了中国制造业劳动力市场的就业风险与不确定性。围绕收入份额，蒋为和黄玖立（2014）的研究发现，全球价值链参与对于中国劳动收入份额具有负向影响，并且这种负向影响与中国参与全球价值链的低端锁定格局密切相关，伴随着中国资本积累程度的提升，这一负向影响将逐渐减轻，从而呈现"U"型趋势。霍利韦格（Hollweg，2019）的研究表明，全球价值链为发展中国家创造的就业机会和工资上涨都更加偏向于技术工人，未来的自动化与数字化等技术新趋势的出现，可能进一步决定发展中国家的就业将如何受到全球价值链贸易的影响，并且教育以及贸易和劳工政策是加强全球价值链劳资关系的重要因素。

2.5　流通业与价值链

2.5.1　流通理论内涵的基本认识

流通作为连接生产与消费的"桥梁"，不仅扮演着连通生产与消费的中间环节的角色，并且伴随着经济社会的发展，流通更发挥着"承上启下"的重要作用。例如，谷口吉彦（1935）、铃木武（1993）等学者指出，流通是将商品从生产者转移到消费者手中的过程，在这一过程中，包含着人、场所与时间。此外，古典经济学派的著名经济学家斯密指出，交换（即流通）是生产分工的基础环节，交换的存在使得生产分工得以实现，并且提高了生产效率。在《资本论》中，马克思对于流通的重要性也有着相关论述，例如，每一种商品都只能在流通过程中实现它的价值①，流通过程推动了和资本的价值量无关的新的潜能，即资本的作用程度的新的潜能，资本的扩张和收缩的新的潜能②，并且强调应将生产与流通视作统一整体，资本的循环过程是流通和生产的统一③，虽然商品价值超过它的成本价格的余额是在直接生产过程中产生的，但它只是在流通过程中才得到实现④。

20世纪80年代以来，国内涌现出了一批针对流通的相关研究。孙冶方（1984）首次提出"流通一般"的概念，将流通视作社会再生产过程中的必

---

① 马克思．资本论（第三卷）[M]．北京：人民出版社，2004：720．
② 马克思．资本论（纪念版）第二卷 [M]．北京：人民出版社，2018：48．
③ 马克思．资本论（纪念版）第二卷 [M]．北京：人民出版社，2018：70．
④ 马克思．资本论（第三卷）[M]．北京：人民出版社，2004：51．

要阶段，包含商品从生产领域进入消费领域的全部过程，由不断进行的交换所构成，但流通又具有其相对独立性，是社会化大生产过程中的一个客观阶段。左宪棠等（1985）同样基于社会化大生产的全过程来对"流通一般"作出解释，从再生产的全过程来理解"流通一般"（夏春玉和丁涛，2013）。高涤陈和陶琲（1985）指出，在社会再生产过程中，流通作为生产过程的继续与补充，是与生产过程相对应的阶段。

近年来，伴随着社会经济的发展，针对流通的认识与研究也有了新的进展。夏春玉（2006）同样从"流通一般"的角度解释流通的内涵，但其所提出的"流通一般"与孙冶方的概念存在不同，旨在强调物质与生产要素的流通。而孙冶方的"流通一般"则旨在强调流通是一种社会化大生产背景下的必然联系，无论是在社会主义计划经济还是资本主义市场经济的条件下，只要存在社会化大生产，流通过程就将存在（徐从才，2006）。与"流通一般"相对应的一个概念就是"流通特殊"，主要表现在以下两个方面：第一，在不同经济形式下，流通的特殊形式；第二，在不同社会形态下，流通的特殊形式。区分"流通一般"与"流通特殊"有益于实现对于在特定条件下的流通进行分析（徐从才，2006）。丁俊发（2006）认为，流通是以货币为媒介的商品交换过程，以及商流、物流、信息流等与商品所有者存在相互关系的总和。坂本秀夫（2008）定义流通是商品从生产部门向消费部门转移的过程，涵盖了物流、商流、信息、金融、保险等与流通相关的重要补充活动。

此外，总结已有研究针对流通内涵的认识与探讨，流通还存在广义与狭义之分（徐从才，2006），但在实际研究分析中，更多的是以狭义的流通作为分析对象，即将流通视作商品流通，是社会再生产过程中独立于生产、消费等环节的一个阶段。

2.5.2 流通业对价值链的影响

既有探讨流通与价值链的相关文献多从定性角度展开对于流通影响国家价值链构建、运行的分析与说明。具体而言，现有定性研究主要关注流通业发展促进价值链地位攀升或创新升级的潜在机制。例如，祝合良和石娜娜（2017）的研究发现，流通业主要通过加快资本循环以降低制造业生产成本、与制造业形成战略联盟以提升制造业竞争优势、独立专业化发展以增强制造业生产率、加强主导权培育以提高制造业地位，四个方面发挥流通业对于制造业价值链升级的积极作用；丁宁（2015）的研究从流通业"走出去"的角度切入，发现流通业海外发展将有益于中国在参与全球价值链进程中营销、运输等薄弱环节的实力增强，以及价值链条整体治理效率的提升，并且通过国内外市场联动发展，更好地实现价值链条上各环节的创新升级；马达万和格罗弗（Madhavan and Grover, 1998）的研究提供了从企业战略联盟的视角分析价值链创新绩效的思路，后续部分文献在此基础上进行拓展分析，以流通企业战略联盟作为分析对象探究其对于价值链创新的影响，包括降低交易成本与不确定性、提升对于专有资产的保护（Gulati et al., 2000），分担风险、扩大市场、平衡产销（徐从才和盛朝迅，2012），提升价值链的核心环节竞争优势、实现规模经济与范围经济、推动价值链变革与治理效率改善（丁宁，2014）。

然而，现有关于流通与价值链互动关系的定量研究鲜见，且在既有研究中未见对于流通影响国家价值链作用发挥的潜在机理进行阐释。

2.6　研究评述

国内外学者从多维度对价值链展开了理论探究与实证分析，这些研究无疑对于价值链研究相关理论的丰富，对于深入认识价值链发展的客观现实意义重大，但是在已有研究的基础上，仍然存在着深入挖掘的空间，主要表现在以下三个方面。

第一，在研究框架方面，在现有围绕价值链的经济效应研究中，虽有部分聚焦国家价值链对经济增长影响的定量研究文献，但尚未见有将流通业发展视角纳入研究分析框架，探讨在国家价值链与流通业发展的互动关系下对经济增长的影响。与此同时，针对国家价值链的相关研究也没有依据价值链的构建与参与类型进行细致区分，对不同类型的国家价值链可能存在的异质性经济增长效应展开理论与实证分析。

第二，在指标测度方面，针对流通业发展的测度，已有研究多使用的流通效率、批零比值等单一指标可能较难以充分反映流通业发展的内涵，并且在已有研究中，流通业存在界定不清、概念不明的问题。因此，如何更为客观、全面地界定流通业内涵、测度流通业发展水平有待进一步探索。此外，针对国家价值链的度量，应当结合高水平开放的时代背景与研究问题，进行更为贴近现实的区分和刻画。

第三，在研究方法方面，现有围绕价值链与流通业发展的研究多采用规范分析，定性描述流通业发展对于价值链构建、运行的影响，提供促进流通业发展的政策建议，缺乏定量分析的支撑。此外，在为数不多的围绕流通业与价值链的定性研究中，更多地停留在对于客观现实的描述上，缺乏从理论层面对流通业发展影响国家价值链运行的机理机制展开分析研究。

第 3 章

国家价值链测度与中国现实

3.1　国家价值链测度的基本方法

3.1.1　国家价值链测度：贸易增加值统计体系的介绍

价值链分工与贸易的出现，给传统贸易带来了以下两方面的改变：第一，商品生产由不同区域和部门主体承担，即出现"生产分割"（production segmentation）（或称"序贯生产""分阶段生产""垂直专门化生产"等）；第二，中间产品贸易（intermediate product trade）与任务贸易（trade in tasks）比重不断上升。价值链将贸易对象的范围从最终产品拓展到中间产品以及增加值创造的每一环节，这使得产品附加值由不同地区的经济主体所创造，并通过地区间的价值链分工体系进行传递。由此，在以价值链分工为主的贸易格局下，如果继续沿用传统的总值贸易统计体系，可能由于忽略各生产环节的累加部分而带来重复计算问题。因此，在价值链分工格局下，为正确衡量各主体的经济收益，需要在贸易增加值统计体系下展开核算。

相较于总值贸易统计体系，贸易增加值统计体系有以下三方面的显著改进。

第一，避免了重复计算问题。在总值贸易统计体系下度量中国地区间贸易，将得到各地区间双边贸易流量的总和。但由于价值链分工的出现，相较于传统贸易，中间产品贸易与任务贸易活动日趋频繁并在不同地区间进行，继续在总值贸易统计体系下展开核算，将可能由于地区间贸易流动带来附加值的重复计算问题。贸易增加值统计体系采用与总值贸易统计体系不同的核算原则，即基于产品附加值的生产来源或产品附加值的吸收去向进行分解，并按分解后的结果核算各地区的贸易流出与流入量，可以真实反映各地区通过本地生产所创造的价值，以及通过贸易参与所获得的价值。

第二，正确评价贸易的作用。借助贸易增加值统计体系，能够通过对价值链分工格局下的产品附加值进行分解，客观评价各地区经济主体在价值链分工与贸易中所发挥的作用，从而有助于正确认识贸易对经济、环境、就业等方面的直接影响或间接影响。

第三，深化对国民经济核算的认识。国民经济核算中的增加值反映了对生产中使用的劳动、资本、非金融资产和自然资源的补偿。由于价值链分工与贸易的主要载体是企业，受到总部经济和统计口径的影响，以及国民经济核算中的"经营盈余"通常会被汇往企业总部的客观事实，从贸易价值增值视角出发展开核算，将有益于深化对生产要素收益在不同地区主体间分配问题的认识。

3.1.2 国家价值链测度：增加值分解测算方法的解释与比较

3.1.2.1 方法1：HIY方法

胡梅尔斯等（2001）首次定义全球价值链贸易，当一国出口产品价值中包含来自其他国家创造的价值时，即称该国进行了全球价值链贸易，并通过计算出口中蕴含的进口价值，度量一国垂直专业化水平。借鉴HIY方法提供的垂直专业化定义，可以将国家价值链框架下的垂直专业化定义为国内流出产品生产所需的国内流入中间投入品，通过测算内嵌于国内流出产品中的国内流入中间投入品的价值即可获得在国家价值链框架下的垂直专业化程度。

基于国家价值链框架下的垂直专业化分工定义，可以测度一国内部地区 i 行业 k 的垂直专业化水平：

$$VS_k^i = \left(\frac{国内流入中间品额_k^i}{国内流出_k^i + 出口_k^i} \right) \times 国内流出_k^i = \left(\frac{国内流出_k^i}{国内流出_k^i + 出口_k^i} \right)$$
$$\times 国内流入中间品额_k^i \qquad (3-1)$$

进一步，可以计算地区 i 行业 k 的垂直专业化率（或称垂直专业化份额）：

$$VSS_k^i = \frac{VS_k^i}{国内流出_k^i} \qquad (3-2)$$

在地区层面上进行加总，可得地区层面的垂直专业化水平，以地区 i 为例：

$$VS^i = \sum_k VS_k^i$$

$$VSS^i = \frac{VS^i}{国内流出^i} = \frac{\sum_k VS_k^i}{\sum_k 国内流出_k^i}$$

$$= \frac{\sum_k (VS_k^i / 国内流出_k^i) \times 国内流出_k^i}{\sum_k 国内流出_k^i}$$

$$= \sum_k \left[\left(\frac{国内流出_k^i}{国内流出^i} \right) \left(\frac{VS_k^i}{国内流出_k^i} \right) \right] \qquad (3-3)$$

可以看出，地区 i 的垂直专业化率是该地区各个行业的垂直专业化率的国内流出占比加权平均值，应注意其并不等价于地区 i 的总国内流入中间品额在总产值中的份额，若国内流出与国内流入中间品额／（国内流出＋出口）之间呈正（负）相关，那么使用加总数据进行计算得出的 VS 值将会低于（高于）实际值。

考虑到在实际应用中多结合投入产出表进行计算，因此，本书进一步利用矩阵形式对地区 i 的垂直专业化率进行表达：

$$\mu MX = (1, 1, \cdots, 1)_{1 \times G} \begin{pmatrix} m_{11}^i & m_{12}^i & \cdots & m_{1G}^i \\ m_{21}^i & m_{22}^i & \cdots & m_{2G}^i \\ \vdots & \vdots & \vdots & \vdots \\ m_{G1}^i & m_{G2}^i & \cdots & m_{GG}^i \end{pmatrix}_{G \times G} \begin{pmatrix} x_1^i \\ x_2^i \\ \vdots \\ x_G^i \end{pmatrix}_{G \times 1} \qquad (3-4)$$

$$VSS_i = \mu M[I-A]^{-1}X/x^i \qquad (3-5)$$

设定一共有 G 个行业。其中，μ 是 $1\times G$ 维的各元素均为 1 的行向量；M 是 $G\times G$ 维的国内流入中间品系数矩阵，矩阵 M 中的元素 m^i_{ks} 表示部门 s 生产 1 单位产品所需的来自区域 i 部门 k 的国内流入中间品投入；X 是 $G\times 1$ 维的区域 i 各部门国内流出的列向量，矩阵 X 中的元素 x^i_k 表示区域 i 部门 k 的国内流出；x^i 表示区域 i 的国内流出总额；A 是 $G\times G$ 维的区域 i 的直接消耗系数矩阵；$[I-A]^{-1}$ 是里昂惕夫逆矩阵。

需要注意的是，式（3-5）通过引入里昂惕夫逆矩阵的设定①，考虑了国内流入中间品价值在被转移到其他国内区域前在区域 i 内的多阶段流转情形。此外，式（3-5）的设定暗含了产品可以在区域内所有部门间自由流通的假设。

3.1.2.2　方法 2：KWW 方法

第一，两地区情形。

假设只存在两个地区，且每个地区均有 G 个产业，以及一个国外市场。每个部门的产品可以被用作直接消费或作为中间品投入，并且可以以中间品或最终品形式流入另一地区或国外市场，则地区 i 的总产出 X^i 可以被表示为：

$$X^i = A^{ii}X^i + A^{ij}X^j + F^{ii} + F^{ij} + E^i \qquad (3-6)$$

其中，X^i（或 X^j）是地区 i（或地区 j）$G\times 1$ 维的总产出向量；F^{ii}（或 F^{ij}）是 $G\times 1$ 维的国内最终需求向量，表示地区 j（或地区 i）消耗的来自地区 i 的最终需求，即地区 i 流出到地区 j（或地区 i）并作为最终需求的产品；E^i 是地区 i 的总出口向量；A^{ii}（或 A^{ij}）是 $G\times G$ 维的直接消耗系数矩阵，表示地区 i 生产并作为地区 j 中间品使用占地区 j 总产出的比重。进一步利用分块矩阵对式（3-6）进行表达可得：

---

① 里昂惕夫逆矩阵是一个对无穷几何级数求和的矩阵表达方式。

$$\begin{bmatrix} X^i \\ X^j \end{bmatrix} = \begin{bmatrix} A^{ii} & A^{ij} \\ A^{ji} & A^{jj} \end{bmatrix} \begin{bmatrix} X^i \\ X^j \end{bmatrix} + \begin{bmatrix} F^{ii} + F^{ij} \\ F^{ji} + F^{jj} \end{bmatrix} + \begin{bmatrix} E^i \\ E^j \end{bmatrix} \qquad (3-7)$$

重新排列可得：

$$\begin{bmatrix} X^i \\ X^j \end{bmatrix} = \begin{bmatrix} I - A^{ii} & -A^{ij} \\ -A^{ji} & I - A^{jj} \end{bmatrix}^{-1} \begin{bmatrix} F^{ii} + F^{ij} + E^i \\ F^{ji} + F^{jj} + E^j \end{bmatrix} = \begin{bmatrix} L^{ii} & L^{ij} \\ L^{ji} & L^{jj} \end{bmatrix} \begin{bmatrix} Y^i \\ Y^j \end{bmatrix} \qquad (3-8)$$

其中，L^{ii}（或 L^{ij}）是 $G \times G$ 维的完全需求矩阵；Y^i 是 $G \times 1$ 维的列向量，表示国内以及国外对地区 i 生产的最终产品的需求。设定 X 和 Y 均为 $2G \times 1$ 维的向量，A 和 L 均为 $2G \times 2G$ 维的矩阵，则式（3-8）的简洁形式可以被表达为：

$$X = (I - A)^{-1} Y = LY \qquad (3-9)$$

在此基础上，考虑区分地区内和地区外的生产与贸易活动。设定 $1 \times G$ 维的直接增加值系数矩阵 V^i，矩阵 V^i 中的元素 v^i_m 表示地区 i 产业 m 单位总产出中的地区内直接增加值的占比（即增加值率）。设定 $1 \times G$ 维的纯进口系数矩阵 M^i，矩阵 M^i 中的元素 m^i_m 表示地区 i 产业 m 单位总产出中的纯进口的占比。设定 $1 \times G$ 维的回流增加值系数矩阵 Q^i，矩阵 Q^i 中的元素 q^i_m 表示地区 i 产业 m 单位总产出中的回流增加值的占比。利用分块矩阵表达可得：

$$V = \begin{bmatrix} V^i & 0 \\ 0 & V^j \end{bmatrix} \quad M = \begin{bmatrix} M^i & 0 \\ 0 & M^j \end{bmatrix} \quad Q = \begin{bmatrix} Q^i & 0 \\ 0 & Q^j \end{bmatrix} \qquad (3-10)$$

使用直接增加值系数矩阵、纯进口系数矩阵、回流增加值系数矩阵与里昂惕夫逆矩阵相乘，可得 $2 \times 2G$ 维的增加值份额矩阵、纯进口份额矩阵、回流增加值份额矩阵：

$$VL = \begin{bmatrix} V^i L^{ii} & V^i L^{ij} \\ V^j L^{ji} & V^j L^{jj} \end{bmatrix} \quad ML = \begin{bmatrix} M^i L^{ii} & M^i L^{ij} \\ M^j L^{ji} & M^j L^{jj} \end{bmatrix} \quad QL = \begin{bmatrix} Q^i L^{ii} & Q^i L^{ij} \\ Q^j L^{ji} & Q^j L^{jj} \end{bmatrix}$$

$$(3-11)$$

其中，$V^i L^{ii}$（或 $V^j L^{jj}$）的每一列元素代表地区 i（或地区 j）的特定部门生产的产品中来自本地区内的增加值份额，而 V^jL^{ji}（或 V^iL^{ij}）的每一列元素代表地区 i（或地区 j）的特定部门生产产品中来自本地区外的增加值份额。VL 矩阵包含了产业层面国内各地区生产和贸易中对国内各地区增加值份额消耗进行区分的所有信息。M^iL^{ii}（或 M^jL^{jj}）的每一列元素代表地区 i（或地区 j）的特定部门生产产品中来自本地区纯进口的增加值份额，而 M^jL^{ji}（或 M^iL^{ij}）的每一列元素代表地区 i（或地区 j）的特定部门生产产品中来自国内其他地区纯进口的增加值份额。Q^iL^{ii}（或 Q^jL^{jj}）的每一列元素代表地区 i（或地区 j）的特定部门生产产品中来自本地区回流的增加值份额，而 Q^jL^{ji}（或 Q^iL^{ij}）的每一列元素代表地区 i（或地区 j）的特定部门生产产品中来自国内其他地区回流的增加值份额。

定义地区 i 的总流出 Z^{i*} 为该地区向国内其他地区总流出以及向国外总出口的和：

$$Z^{i*} = \sum_{j \neq i}^{N} Z^{ij} + E^i \tag{3-12}$$

地区 i 向地区 j 的总流出包括中间产品流出和最终产品流出：

$$Z^{ij} = A^{ij}X^j + F^{ij} \tag{3-13}$$

进一步将各增加值份额矩阵与总流出矩阵相乘可得：

$$VLZ = \begin{bmatrix} V^i & 0 \\ 0 & V^j \end{bmatrix}\begin{bmatrix} L^{ii} & L^{ij} \\ L^{ji} & L^{jj} \end{bmatrix}\begin{bmatrix} Z^{i*} & 0 \\ 0 & Z^{j*} \end{bmatrix} = \begin{bmatrix} V^iL^{ii}Z^{i*} & V^iL^{ij}Z^{j*} \\ V^jL^{ji}Z^{i*} & V^jL^{jj}Z^{j*} \end{bmatrix}$$

$$MLZ = \begin{bmatrix} M^i & 0 \\ 0 & M^j \end{bmatrix}\begin{bmatrix} L^{ii} & L^{ij} \\ L^{ji} & L^{jj} \end{bmatrix}\begin{bmatrix} Z^{i*} & 0 \\ 0 & Z^{j*} \end{bmatrix} = \begin{bmatrix} M^iL^{ii}Z^{i*} & M^iL^{ij}Z^{j*} \\ M^jL^{ji}Z^{i*} & M^jL^{jj}Z^{j*} \end{bmatrix} \tag{3-14}$$

$$QLZ = \begin{bmatrix} Q^i & 0 \\ 0 & Q^j \end{bmatrix}\begin{bmatrix} L^{ii} & L^{ij} \\ L^{ji} & L^{jj} \end{bmatrix}\begin{bmatrix} Z^{i*} & 0 \\ 0 & Z^{j*} \end{bmatrix} = \begin{bmatrix} Q^iL^{ii}Z^{i*} & Q^iL^{ij}Z^{j*} \\ Q^jL^{ji}Z^{i*} & Q^jL^{jj}Z^{j*} \end{bmatrix}$$

其中，VLZ 矩阵的对角元素代表各地区总流出中蕴含的本地区增加值，非对角线元素代表各地区总流出中蕴含的国内其他地区的增加值。MLZ 矩阵的对角元素代表各地区总流出中蕴含的本地区纯进口的增加值，非对角线元素代表各地区总流出中蕴含的国内其他地区纯进口的增加值。QLZ 矩阵的对角元素代表各地区总流出中蕴含的本地区回流的增加值，非对角线元素代表各地区总流出中蕴含的国内其他地区回流的增加值。

第二，多地区情形。

基于两地区情形的分析，可以扩展得到产出（$X = (I - A)^{-1} Y = LY$）、增加值份额矩阵（VL、ML、QL）、最终吸收的增加值来源（VLZ、MLZ、QLZ）在多地区情形下的表达。

假设存在 N 个地区，且每个地区均有 G 个产业，并且同样将国外市场看作一个整体，则可以得到：

$$VL = \begin{bmatrix} V^1 L^{11} & V^1 L^{12} & \cdots & V^1 L^{1N} \\ V^2 L^{21} & V^2 L^{22} & \cdots & V^2 L^{2N} \\ \vdots & \vdots & \vdots & \vdots \\ V^N L^{N1} & V^N L^{N2} & \cdots & V^N L^{NN} \end{bmatrix}$$

$$ML = \begin{bmatrix} M^1 L^{11} & M^1 L^{12} & \cdots & M^1 L^{1N} \\ M^2 L^{21} & M^2 L^{22} & \cdots & M^2 L^{2N} \\ \vdots & \vdots & \vdots & \vdots \\ M^N L^{N1} & M^N L^{N2} & \cdots & M^N L^{NN} \end{bmatrix} \quad (3-15)$$

$$QL = \begin{bmatrix} Q^1 L^{11} & Q^1 L^{12} & \cdots & Q^1 L^{1N} \\ Q^2 L^{21} & Q^2 L^{22} & \cdots & Q^2 L^{2N} \\ \vdots & \vdots & \vdots & \vdots \\ Q^N L^{N1} & Q^N L^{N2} & \cdots & Q^N L^{NN} \end{bmatrix}$$

$$VLZ = VL \begin{bmatrix} Z^{1*} & 0 & \cdots & 0 \\ 0 & Z^{2*} & \cdots & 0 \\ \vdots & \vdots & \vdots & \vdots \\ 0 & \cdots & 0 & Z^{N*} \end{bmatrix} = \begin{bmatrix} V^1 L^{11} Z^{1*} & V^1 L^{12} Z^{2*} & \cdots & V^1 L^{1N} Z^{N*} \\ V^2 L^{21} Z^{1*} & V^2 L^{22} Z^{2*} & \cdots & V^2 L^{2N} Z^{N*} \\ \vdots & \vdots & \vdots & \vdots \\ V^N L^{N1} Z^{1*} & V^N L^{N2} Z^{2*} & \cdots & V^N L^{NN} Z^{N*} \end{bmatrix}$$

$$MLZ = ML \begin{bmatrix} Z^{1*} & 0 & \cdots & 0 \\ 0 & Z^{2*} & \cdots & 0 \\ \vdots & \vdots & \vdots & \vdots \\ 0 & \cdots & 0 & Z^{N*} \end{bmatrix} = \begin{bmatrix} M^1 L^{11} Z^{1*} & M^1 L^{12} Z^{2*} & \cdots & M^1 L^{1N} Z^{N*} \\ M^2 L^{21} Z^{1*} & M^2 L^{22} Z^{2*} & \cdots & M^2 L^{2N} Z^{N*} \\ \vdots & \vdots & \vdots & \vdots \\ M^N L^{N1} Z^{1*} & M^N L^{N2} Z^{2*} & \cdots & M^N L^{NN} Z^{N*} \end{bmatrix}$$

$$(3-16)$$

$$QLZ = QL \begin{bmatrix} Z^{1*} & 0 & \cdots & 0 \\ 0 & Z^{2*} & \cdots & 0 \\ \vdots & \vdots & \vdots & \vdots \\ 0 & \cdots & 0 & Z^{N*} \end{bmatrix} = \begin{bmatrix} Q^1 L^{11} Z^{1*} & Q^1 L^{12} Z^{2*} & \cdots & Q^1 L^{1N} Z^{N*} \\ Q^2 L^{21} Z^{1*} & Q^2 L^{22} Z^{2*} & \cdots & Q^2 L^{2N} Z^{N*} \\ \vdots & \vdots & \vdots & \vdots \\ Q^N L^{N1} Z^{1*} & Q^N L^{N2} Z^{2*} & \cdots & Q^N L^{NN} Z^{N*} \end{bmatrix}$$

将 VLZ 矩阵中一列的非对角线元素加总可得，某一特定国内地区总流出中来自国内其他地区的增加值。将 VLZ 矩阵中一行的非对角线元素加总可得，某一特定国内地区通过中间产品流出而间接实现的增加值。将 MLZ 矩阵中一列的非对角线元素加总可得，某一特定国内地区总流出中来自国内其他地区纯进口的增加值。将 MLZ 矩阵中一行的非对角线元素加总可得，某一特定国内地区中间产品流出中包含的纯进口增加值。将 QLZ 矩阵中一列的非对角线元素加总可得，某一特定国内地区总流出中来自国内其他地区回流的增加值。将 QLZ 矩阵中一行的非对角线元素加总可得，某一特定国内地区中间产品流出中包含的回流增加值。以上六项可以被依次表示为：

$$\sum_{j\neq i}^{N} V^j L^{ij} Z^{i*} \qquad \sum_{j\neq i}^{N} V^i L^{ij} Z^{j*} \qquad \sum_{j\neq i}^{N} M^j L^{ij} Z^{i*}$$

$$\sum_{j\neq i}^{N} M^i L^{ij} Z^{j*} \qquad \sum_{j\neq i}^{N} Q^j L^{ij} Z^{i*} \qquad \sum_{j\neq i}^{N} Q^i L^{ij} Z^{j*} \qquad (3-17)$$

VLZ 矩阵的对角元素测度的是某一特定国内地区总流出中来自本地区的增加值，MLZ 矩阵的对角元素测度的是某一特定国内地区总流出中来自本地区纯进口的增加值，QLZ 矩阵的对角元素测度的是某一特定国内地区总流出中来自本地区回流的增加值，可以被依次表示为 $V^i L^{ii} Z^{i*}$、$M^i L^{ii} Z^{i*}$、$Q^i L^{ii} Z^{i*}$。

第三，测度分解项的经济学含义。

为分析上述测度分解项的经济学含义，首先需将总流出划分为最终品和中间品。其中，中间品可以被进一步分为被用于国内流入地区直接消费的产品生产，经国内流入地区加工后再次国内流出并被用于流入地区直接消费的产品生产或进一步加工并再次国内流出的产品：

$$Z^{ij} = \underbrace{F^{ij}}_{\text{区域}j\text{流入最终品}} + \underbrace{A^{ij}X^{jj}}_{\substack{\text{区域}j\text{流入中间品，}\\\text{加工后被区域}j\text{直接消费}}} + \underbrace{\sum_{r\neq i,j}^{N} A^{ij}X^{jr}}_{\substack{\text{区域}j\text{流入中间品，}\\\text{加工后流入区域}r\text{并被区域}r\text{直接消费}}} + \underbrace{A^{ij}X^{ji}}_{\substack{\text{区域}j\text{流入中间品，}\\\text{加工后回流入区域}i}} + E^i$$

$$(3-18)$$

进一步地，将式（3-18）代入 $V^iL^{ii}Z^{i*}$、$M^iL^{ii}Z^{i*}$、$Q^iL^{ii}Z^{i*}$ 可得①：

$$V^iL^{ii}Z^{i*} = V^iL^{ii}\sum_{j\neq i}^{N}F^{ij} + V^iL^{ii}E^i + V^iL^{ii}\sum_{j\neq i}^{N}A^{ij}X^{jj}$$
$$+ V^iL^{ii}\sum_{j\neq i}^{N}\sum_{r\neq i,j}^{N}A^{ij}X^{jr} + V^iL^{ii}\sum_{j\neq i}^{N}A^{ij}X^{ji} \qquad (3-19)$$

$$M^iL^{ii}Z^{i*} = M^iL^{ii}\sum_{j\neq i}^{N}F^{ij} + M^iL^{ii}E^i + M^iL^{ii}\sum_{j\neq i}^{N}A^{ij}X^{jj}$$
$$+ M^iL^{ii}\sum_{j\neq i}^{N}\sum_{r\neq i,j}^{N}A^{ij}X^{jr} + M^iL^{ii}\sum_{j\neq i}^{N}A^{ij}X^{ji} \qquad (3-20)$$

$$Q^iL^{ii}Z^{i*} = Q^iL^{ii}\sum_{j\neq i}^{N}F^{ij} + Q^iL^{ii}E^i + Q^iL^{ii}\sum_{j\neq i}^{N}A^{ij}X^{jj}$$
$$+ Q^iL^{ii}\sum_{j\neq i}^{N}\sum_{r\neq i,j}^{N}A^{ij}X^{jr} + Q^iL^{ii}\sum_{j\neq i}^{N}A^{ij}X^{ji} \qquad (3-21)$$

在此基础上可得：

$$Z^{i*} = \underbrace{V^iL^{ii}\sum_{j\neq i}^{N}F^{ij}}_{(1)} + \underbrace{V^iL^{ii}\sum_{j\neq i}^{N}A^{ij}X^{jj}}_{(2)} + \underbrace{V^iL^{ii}\sum_{j\neq i}^{N}\sum_{r\neq i,j}^{N}A^{ij}X^{jr}}_{(3)}$$

$$+ \underbrace{V^iL^{ii}\sum_{j\neq i}^{N}A^{ij}X^{ji}}_{(4)} + \underbrace{V^iL^{ii}E^i}_{(5)} + \underbrace{M^iL^{ii}\sum_{j\neq i}^{N}F^{ij}}_{(6)} + \underbrace{M^iL^{ii}\sum_{j\neq i}^{N}A^{ij}X^{jj}}_{(7)}$$

$$+ \underbrace{M^iL^{ii}\sum_{j\neq i}^{N}\sum_{r\neq i,j}^{N}A^{ij}X^{jr}}_{(8)} + \underbrace{M^iL^{ii}\sum_{j\neq i}^{N}A^{ij}X^{ji}}_{(9)} + \underbrace{M^iL^{ii}E^i}_{(10)}$$

$$+ \underbrace{Q^iL^{ii}\sum_{j\neq i}^{N}F^{ij}}_{(11)} + \underbrace{Q^iL^{ii}\sum_{j\neq i}^{N}A^{ij}X^{jj}}_{(12)} + \underbrace{Q^iL^{ii}\sum_{j\neq i}^{N}\sum_{r\neq i,j}^{N}A^{ij}X^{jr}}_{(13)}$$

$$+ \underbrace{Q^iL^{ii}\sum_{j\neq i}^{N}A^{ij}X^{ji}}_{(14)} + \underbrace{Q^iL^{ii}E^i}_{(15)} + \underbrace{\sum_{j\neq i}^{N}V^jL^{ji}Z^{i*}}_{(16)} + \underbrace{\sum_{j\neq i}^{N}M^jL^{ji}Z^{i*}}_{(17)}$$

---

① 需要注意的是，式（3-18）的分解仅追踪了中间产品国内流出的直接效应和第一轮的间接效应。在一定程度上，可以被视作对全阶效应中的第一阶的近似。可以通过对国内流入区域最终产品的信息来估计全阶分解，以获得直接国内流入区域生产本区域最终需求产品所用的中间产品中包含的国内流出区域增加值。相较于全阶分解，一阶分解有一个突出的良好属性，即式（3-18）的分解结果基本包含了全部的国内流出。但由于通过中间品间接贸易增加值的存在，在部门层面或双边层面，对于全阶分解来说并不成立。

$$+ \underbrace{\sum_{j \neq i}^{N} Q^{j} L^{ji} Z^{i*}}_{(18)} \qquad (3-22)$$

基于式（3-22）的分解结果，可以将某一特定地区 i 总流出的增加值来源分解为：（1）作为最终产品和服务，并被直接流入地区吸收的国内流出中的地区 i 增加值；（2）被直接流入地区用来加工生产且被最终吸收的国内中间产品流出中的地区 i 增加值；（3）被直接流入地区用来加工生产且被作为国内流出后被第三地区最终吸收的国内中间产品流出中的地区 i 增加值；（4）被直接流入地区用来加工生产且再次返回地区 i 并被最终吸收的国内中间产品流出中的地区 i 增加值；（5）出口中所包含的地区 i 增加值；（6）作为最终产品和服务，并被直接流入地区吸收的国内流出中的地区 i 的纯进口增加值；（7）被直接流入地区用来加工生产且被最终吸收的国内中间产品流出中的地区 i 的纯进口增加值；（8）被直接流入地区用来加工生产且被作为国内流出后被第三地区最终吸收的国内中间产品流出中的地区 i 的纯进口增加值；（9）被直接流入地区用来加工生产且再次返回地区 i 并被最终吸收的国内中间产品流出中的地区 i 的纯进口增加值；（10）出口中所包含的地区 i 的纯进口增加值；（11）作为最终产品和服务，并被直接流入地区吸收的国内流出中的地区 i 的回流增加值；（12）被直接流入地区用来加工生产且被最终吸收的国内中间产品流出中的地区 i 的回流增加值；（13）被直接流入地区用来加工生产且作为国内流出后被第三地区最终吸收的国内中间产品流出中的地区 i 的回流增加值；（14）被直接流入地区用来加工生产且再次返回地区 i 并被最终吸收的国内中间产品流出中的地区 i 的回流增加值；（15）出口中所包含的地区 i 的回流增加值；（16）地区 i 的总流出中来自国内其他地区的增加值；（17）地区 i 的总流出中来自国内其他地区的纯进口增加值；（18）地区 i 的总流出中来自国内其他地区的回流增加值。

3.1.2.3　方法 3：WWZ 法

借鉴李跟强和潘文卿（2016）、邵朝对和苏丹妮（2019）、盛斌等（2020）的研究，本部分进一步对国家价值链视角下 WWZ 方法的拓展运用进行说明。

假设一个国家内部有 N 个地区，每个地区均有 G 个产业。根据国内区域间投入产出表的行列平衡关系可知，区域间投入产出表的行为地区总产出，包括被国内各地区所有产业所使用的中间投入品、被国内各地区所有产业所使用的最终产品、对外出口；区域间投入产出表的列为地区总投入，包括国内各地区所有产业的中间投入、纯进口、回流增加值、本地增加值。可以看出，某一地区的增加值来源仅包括中间投入（包括本地区和国内其他地区的中间投入）、本地区增加值、纯进口（包括本地区和国内其他地区的纯进口）、回流增加值（包括本地区和国内其他地区的回流增加值）。

根据上述分析的区域间投入产出表的行和关系，可得：

$$X^i = \sum_{j=1}^{N} (A^{ij} X^j + F^{ij}) + E^i \qquad (3-23)$$

其中，X^i 表示地区 i 的 $G \times 1$ 维的总产出向量，F^{ij} 表示地区 i 流入地区 j 的 $G \times 1$ 维的最终产品向量，E^i 表示地区 i 向国外出口的 $G \times 1$ 维向量，A^{ij} 表示与 X^{ij} 相应的 $G \times G$ 维的直接消耗系数矩阵，即 $A^{ij} = X^{ij} (X^{j'})^{-1}$。进一步将式（3-23）移项合并后可改写为：

$$X^i = \sum_{k=1}^{N} L^{ik} \left(\sum_{u=1}^{N} F^{ku} + E^k \right) \qquad (3-24)$$

其中，L^{ik} 表示 $G \times G$ 维的里昂惕夫逆矩阵。总流出 Z^{i*}，以及地区 i 向地区 j 的总流出 Z^{ij} 的定义与前面一致。

结合式（3-23）、Z^{i*} 与 Z^{ij} 的定义可得：

$$X^i = A^{ii} X^i + F^{ii} + Z^{i*} = (I - A^{ii})^{-1} F^{ii} + (I - A^{ii})^{-1} Z^{i*} \qquad (3-25)$$

定义 $G \times G$ 维的局部里昂惕夫逆矩阵 $B^{ii} = (I - A^{ii})^{-1}$，在式（3-25）的基础上，进一步根据中间产品的使用地区进行区分：

$$A^{ji} X^i = A^{ji} B^{ii} F^{ii} + A^{ji} B^{ii} Z^{i*} \qquad (3-26)$$

与 KWW 方法思路一致，构建式（3-27）的直接增加值份额矩阵 VL、纯进口份额矩阵 ML 和回流增加值份额矩阵 QL。

$$VL = \begin{bmatrix} V^1 L^{11} & V^1 L^{12} & \cdots & V^1 L^{1N} \\ V^2 L^{21} & V^2 L^{22} & \cdots & V^2 L^{2N} \\ \vdots & \vdots & \vdots & \vdots \\ V^N L^{N1} & V^N L^{N2} & \cdots & V^N L^{NN} \end{bmatrix}$$

$$ML = \begin{bmatrix} M^1 L^{11} & M^1 L^{12} & \cdots & M^1 L^{1N} \\ M^2 L^{21} & M^2 L^{22} & \cdots & M^2 L^{2N} \\ \vdots & \vdots & \vdots & \vdots \\ M^N L^{N1} & M^N L^{N2} & \cdots & M^N L^{NN} \end{bmatrix} \qquad (3-27)$$

$$QL = \begin{bmatrix} Q^1 L^{11} & Q^1 L^{12} & \cdots & Q^1 L^{1N} \\ Q^2 L^{21} & Q^2 L^{22} & \cdots & Q^2 L^{2N} \\ \vdots & \vdots & \vdots & \vdots \\ Q^N L^{N1} & Q^N L^{N2} & \cdots & Q^N L^{NN} \end{bmatrix}$$

直接增加值份额矩阵 VL 的对角元素表示各地区流出中的本地区增加值占比，每列的非对角元素表示各地区流出中的国内其他地区增加值占比。纯进口份额矩阵 ML 的对角元素表示各地区流出中的本地区纯进口占比，每列的非对角元素表示各地区流出中的国内其他地区纯进口占比。回流增加值份额矩阵 QL 的对角元素表示各地区流出中的本地区回流增加值占比，每列的非对角元素表示各地区流出中的国内其他地区回流增加值占比。由此可得：

$$\sum_{j=1}^{N} (V^j + M^j + Q^j) L^{ji} = u \qquad (3-28)$$

其中，u 是 $1 \times G$ 维的单位向量。在此基础上，根据式（3-24）、式（3-25）、式（3-26）、式（3-28），可以将地区 i 的总流出分解为：

$$\begin{aligned} Z^{i*} = {}_1 \sum_{j \neq i}^{N} & \left[(V^i L^{ii})^T \# F^{ij} \right] + {}_2 \sum_{j \neq i}^{N} \left[(V^i B^{ii})^T \# (A^{ij} L^{jj} F^{jj}) \right] \\ & + {}_3 \sum_{j \neq i}^{N} \left[(V^i B^{ii})^T \# \left(A^{ij} \sum_{k \neq i,j}^{N} L^{jk} F^{kk} \right) \right] \\ & + {}_4 \sum_{j \neq i}^{N} \left[(V^i B^{ii})^T \# \left(A^{ij} L^{jj} \sum_{k \neq i,j}^{N} F^{jk} \right) \right] \end{aligned}$$

$$+{}_5\sum_{j\neq i}^{N}\left[\left(V^iB^{ii}\right)^T\#\left(A^{ij}\sum_{k\neq i,j}^{N}L^{jk}\sum_{u\neq i,k}^{N}F^{ku}\right)\right]$$

$$+{}_6\sum_{j\neq i}^{N}\left[\left(V^iB^{ii}\right)^T\#\left(A^{ij}L^{jj}F^{ji}\right)\right]+{}_7\sum_{j\neq i}^{N}\left[\left(V^iB^{ii}\right)^T\#\left(A^{ij}\sum_{k\neq i,j}^{N}L^{jk}F^{ki}\right)\right]$$

$$+{}_8\sum_{j\neq i}^{N}\left[\left(V^iB^{ii}\right)^T\#\left(A^{ij}L^{ji}F^{ii}\right)\right]+{}_9\sum_{j\neq i}^{N}\left[\left(V^iB^{ii}\right)^T\#\left(A^{ij}\sum_{k\neq i}^{N}L^{ji}F^{ik}\right)\right]$$

$$+{}_{10}\sum_{j\neq i}^{N}\left[\left(V^iL^{ii}-V^iB^{ii}\right)^T\#\left(A^{ij}X^j\right)\right]+{}_{11}\sum_{j\neq i}^{N}\left[\left(V^iB^{ii}\right)^T\#\left(A^{ij}L^{jj}E^j\right)\right]$$

$$+{}_{12}\sum_{j\neq i}^{N}\left[\left(V^iB^{ii}\right)^T\#\left(A^{ij}L^{ji}E^i\right)\right]+{}_{13}\sum_{j\neq i}^{N}\left[\left(V^iB^{ii}\right)^T\#\left(A^{ij}\sum_{k\neq i,j}^{N}L^{jk}E^k\right)\right]$$

$$+{}_{14}\sum_{j\neq i}^{N}\left[\left(V^jL^{ji}\right)^T\#F^{ij}\right]+{}_{15}\sum_{j\neq i}^{N}\left[\left(V^jL^{ji}\right)^T\#\left(A^{ij}B^{jj}F^{jj}\right)\right]$$

$$+{}_{16}\sum_{j\neq i}^{N}\left[\left(V^jL^{ji}\right)^T\#\left(A^{ij}B^{jj}Z^{j*}\right)\right]+{}_{17}\sum_{j\neq i}^{N}\left[\left(\sum_{k\neq i,j}^{N}V^kL^{ki}\right)^T\#F^{ij}\right]$$

$$+{}_{18}\sum_{j\neq i}^{N}\left[\left(\sum_{k\neq i,j}^{N}V^kL^{ki}\right)^T\#\left(A^{ij}B^{jj}F^{jj}\right)\right]$$

$$+{}_{19}\sum_{j\neq i}^{N}\left[\left(\sum_{k\neq i,j}^{N}V^kL^{ki}\right)^T\#\left(A^{ij}B^{jj}Z^{j*}\right)\right]$$

$$+{}_{20}\sum_{j\neq i}^{N}\left[\left(M^iL^{ii}\right)^T\#F^{ij}\right]+{}_{21}\sum_{j\neq i}^{N}\left[\left(M^iB^{ii}\right)^T\#\left(A^{ij}L^{jj}F^{jj}\right)\right]$$

$$+{}_{22}\sum_{j\neq i}^{N}\left[\left(M^iB^{ii}\right)^T\#\left(A^{ij}\sum_{k\neq i,j}^{N}L^{jk}F^{kk}\right)\right]$$

$$+{}_{23}\sum_{j\neq i}^{N}\left[\left(M^iB^{ii}\right)^T\#\left(A^{ij}L^{jj}\sum_{k\neq i,j}^{N}F^{jk}\right)\right]$$

$$+{}_{24}\sum_{j\neq i}^{N}\left[\left(M^iB^{ii}\right)^T\#\left(A^{ij}\sum_{k\neq i,j}^{N}L^{jk}\sum_{u\neq i,k}^{N}F^{ku}\right)\right]$$

$$+{}_{25}\sum_{j\neq i}^{N}\left[\left(M^iB^{ii}\right)^T\#\left(A^{ij}L^{jj}F^{ji}\right)\right]+{}_{26}\sum_{j\neq i}^{N}\left[\left(M^iB^{ii}\right)^T\#\left(A^{ij}\sum_{k\neq i,j}^{N}L^{jk}F^{ki}\right)\right]$$

$$+{}_{27}\sum_{j\neq i}^{N}\left[\left(M^iB^{ii}\right)^T\#\left(A^{ij}L^{ji}F^{ii}\right)\right]+{}_{28}\sum_{j\neq i}^{N}\left[\left(M^iB^{ii}\right)^T\#\left(A^{ij}\sum_{k\neq i}^{N}L^{ji}F^{ik}\right)\right]$$

$$+{}_{29}\sum_{j\neq i}^{N}\left[\left(M^iL^{ii}-M^iB^{ii}\right)^T\#\left(A^{ij}X^j\right)\right]+{}_{30}\sum_{j\neq i}^{N}\left[\left(M^iB^{ii}\right)^T\#\left(A^{ij}L^{jj}E^j\right)\right]$$

$$+{}_{31}\sum_{j\neq i}^{N}\left[\left(M^iB^{ii}\right)^T\#\left(A^{ij}L^{ji}E^i\right)\right]+{}_{32}\sum_{j\neq i}^{N}\left[\left(M^iB^{ii}\right)^T\#\left(A^{ij}\sum_{k\neq i,j}^{N}L^{jk}E^k\right)\right]$$

$$+_{33}\sum_{j\neq i}^{N}\left[\left(M^{j}L^{ji}\right)^{T}\#F^{ij}\right]+_{34}\sum_{j\neq i}^{N}\left[\left(M^{j}L^{ji}\right)^{T}\#\left(A^{ij}B^{jj}F^{jj}\right)\right]$$

$$+_{35}\sum_{j\neq i}^{N}\left[\left(M^{j}L^{ji}\right)^{T}\#\left(A^{ij}B^{jj}Z^{j*}\right)\right]+_{36}\sum_{j\neq i}^{N}\left[\left(\sum_{k\neq i,j}^{N}M^{k}L^{ki}\right)^{T}\#F^{ij}\right]$$

$$+_{37}\sum_{j\neq i}^{N}\left[\left(\sum_{k\neq i,j}^{N}M^{k}L^{ki}\right)^{T}\#\left(A^{ij}B^{jj}F^{jj}\right)\right]$$

$$+_{38}\sum_{j\neq i}^{N}\left[\left(\sum_{k\neq i,j}^{N}M^{k}L^{ki}\right)^{T}\#\left(A^{ij}B^{jj}Z^{j*}\right)\right]$$

$$+_{39}\sum_{j\neq i}^{N}\left[\left(Q^{i}L^{ii}\right)^{T}\#F^{ij}\right]+_{40}\sum_{j\neq i}^{N}\left[\left(Q^{i}B^{ii}\right)^{T}\#\left(A^{ij}L^{jj}F^{jj}\right)\right]$$

$$+_{41}\sum_{j\neq i}^{N}\left[\left(Q^{i}B^{ii}\right)^{T}\#\left(A^{ij}\sum_{k\neq i,j}^{N}L^{jk}F^{kk}\right)\right]$$

$$+_{42}\sum_{j\neq i}^{N}\left[\left(Q^{i}B^{ii}\right)^{T}\#\left(A^{ij}L^{jj}\sum_{k\neq i,j}^{N}F^{jk}\right)\right]$$

$$+_{43}\sum_{j\neq i}^{N}\left[\left(Q^{i}B^{ii}\right)^{T}\#\left(A^{ij}\sum_{k\neq i,j}^{N}L^{jk}\sum_{u\neq i,k}^{N}F^{ku}\right)\right]$$

$$+_{44}\sum_{j\neq i}^{N}\left[\left(Q^{i}B^{ii}\right)^{T}\#\left(A^{ij}L^{jj}F^{ji}\right)\right]+_{45}\sum_{j\neq i}^{N}\left[\left(Q^{i}B^{ii}\right)^{T}\#\left(A^{ij}\sum_{k\neq i,j}^{N}L^{jk}F^{ki}\right)\right]$$

$$+_{46}\sum_{j\neq i}^{N}\left[\left(Q^{i}B^{ii}\right)^{T}\#\left(A^{ij}L^{jj}F^{ii}\right)\right]+_{47}\sum_{j\neq i}^{N}\left[\left(Q^{i}B^{ii}\right)^{T}\#\left(A^{ij}\sum_{k\neq i}^{N}L^{ji}F^{ik}\right)\right]$$

$$+_{48}\sum_{j\neq i}^{N}\left[\left(Q^{i}L^{ii}-M^{i}B^{ii}\right)^{T}\#\left(A^{ij}X^{j}\right)\right]+_{49}\sum_{j\neq i}^{N}\left[\left(Q^{i}B^{ii}\right)^{T}\#\left(A^{ij}L^{jj}E^{j}\right)\right]$$

$$+_{50}\sum_{j\neq i}^{N}\left[\left(Q^{i}B^{ii}\right)^{T}\#\left(A^{ij}L^{jj}E^{i}\right)\right]+_{51}\sum_{j\neq i}^{N}\left[\left(Q^{i}B^{ii}\right)^{T}\#\left(A^{ij}\sum_{k\neq i,j}^{N}L^{jk}E^{k}\right)\right]$$

$$+_{52}\sum_{j\neq i}^{N}\left[\left(Q^{j}L^{ji}\right)^{T}\#F^{ij}\right]+_{53}\sum_{j\neq i}^{N}\left[\left(Q^{j}L^{ji}\right)^{T}\#\left(A^{ij}B^{jj}F^{jj}\right)\right]$$

$$+_{54}\sum_{j\neq i}^{N}\left[\left(Q^{j}L^{ji}\right)^{T}\#\left(A^{ij}B^{jj}Z^{j*}\right)\right]+_{55}\sum_{j\neq i}^{N}\left[\left(\sum_{k\neq i,j}^{N}Q^{k}L^{ki}\right)^{T}\#F^{ij}\right]$$

$$+_{56}\sum_{j\neq i}^{N}\left[\left(\sum_{k\neq i,j}^{N}Q^{k}L^{ki}\right)^{T}\#\left(A^{ij}B^{jj}F^{jj}\right)\right]$$

$$+_{57}\sum_{j\neq i}^{N}\left[\left(\sum_{k\neq i,j}^{N}Q^{k}L^{ki}\right)^{T}\#\left(A^{ij}B^{jj}Z^{j*}\right)\right]$$

$$+_{58}\left(V^{i}L^{ii}\right)^{T}\#E^{i}+_{59}\left(\sum_{j\neq i}^{N}V^{j}L^{ji}\right)^{T}\#E^{i}$$

$$+_{60}\left(M^i L^{ii}\right)^T \#E^i +_{61}\left(\sum_{j\neq i}^N M^j L^{ji}\right)^T \#E^i +_{62}\left(Q^i L^{ii}\right)^T \#E^i$$

$$+_{63}\left(\sum_{j\neq i}^N Q^j L^{ji}\right)^T \#E^i \qquad\qquad (3-29)$$

式（3-29）分解的 63 项可以进一步按照增加值来源归为以下六类，包括被国内其他地区或国外吸收的本地区增加值、流出后又折返回本地区并被本地区吸收的增加值、国内其他地区增加值、国外增加值、进口回流增加值以及重复计算项。表 3-1 展示了分解细项与六类增加值来源的对应关系。

表 3-1　　　　　　　　　　　地区 i 的总流出增加值来源

序号	增加值来源	对应分解细项
1	被国内其他地区或国外吸收的本地区增加值	最终产品形式：1
		中间产品形式：2、3、4、5
		出口：11、13、58
2	流出后又折返回本地区并被本地区吸收的本地区增加值	以中间产品形式流出到国内其他地区后又折返回本地区：6、7、8
3	国内其他地区增加值	最终产品形式：14、17
		中间产品形式：15、18
		出口：59
4	国外增加值	由本地区直接进口并包含在由本地区流出到国内其他地区中：20、21、22、23、24、25、26、27
		由本地区直接进口并包含在由本地区出口中：30、32、60
		由国内其他地区直接进口并包含在由本地区流出到国内其他地区中：33、34、36、37
		由国内其他地区直接进口并包含在由本地区出口中：61
5	进口回流增加值	由本地区直接进口回流的增加值并包含在由本地区流出到国内其他地区中：39、40、41、42、43、44、45、46
		由本地区直接进口回流的增加值并包含在由本地区出口中：49、51、62
		由国内其他地区直接进口回流的增加值并包含在由本地区流出到国内其他地区中：52、53、55、56
		由国内其他地区直接进口回流的增加值并包含在由本地区出口中：63

续表

序号	增加值来源	对应分解细项
6	重复计算项	由本地区增加值引起：9、10、12
		由国内其他地区增加值引起：16、19
		由国外增加值引起：28、29、31、35、38
		由进口回流增加值引起：47、48、50、54、57

资料来源：作者整理。

3.1.2.4 HIY方法、KWW方法、WWZ方法的比较

（1）HIY方法。

胡梅尔斯等（2001）的研究是奠定增加值分解测算方法核心思路的开创性成果，首次提出了一个利用单国的投入产出模型进行价值链核算的方法，定量测度了垂直专业化程度（VS）[①]。具体而言，基于垂直专业化的狭义定义，即作为一国出口产品生产所需的进口投入品，通过测算内嵌于出口产品中的进口投入品的价值即可获得垂直专业化程度。

HIY方法能够准确反映出口产品中的国外增加值含量需要满足两个基本假设：第一，所有的进口中间投入产品必须等价于国外增加值，并且一种中间产品只能由一个国家出口。在这一假设下，诸如一国通过进口中间产品，加工生产后再次出口到另一个国家的情况不能存在，而且一国也不能接受来自隐含本国增加值的中间投入产品进口。但这些情形实际上在现有价值链分工领域中广泛存在。第二，无论产品生产的去向是出口还是满足本国需求，进口中间产品投入的强度均相同。但事实上，当存在加工贸易时，为生产出口产品而进口的中间产品投入强度要显著高于为生产本国最终需求产品时所需的强度。这一假设悖论在以中国、墨西哥为代表的国家中表现得更为明显。因此，HIY方法仅适用于一些特殊的情况，当上述两个基本假设不成立时，HIY方法的核算结果将偏离真实结果（Koopman

---

[①] "垂直专业化（vertical specialization）"又被称为"价值链切分（slicing up the value chain）""外包（outsourcing）""生产分散化（disintegration of production）""生产碎片化（fragmentation）""生产多阶段化（multi-stage production）"和"产品内专业化（intra-product specialization）"。

et al.，2010）。

（2）KWW 方法。

针对 HIY 方法的测算问题，库普曼等（2010、2014）提出了总出口分解方法进行改进①。其中，库普曼等（2010）将一国贸易出口细分为五项（即 KPWW 方法），第一，被直接进口国吸收的本国最终产品和服务出口中的国内增加值；第二，被直接进口国用于生产并吸收的本国中间产品出口中的国内增加值；第三，被直接进口国用于生产并再次出口至第三国并被吸收的本国中间产品出口中的国内增加值；第四，被直接进口国用于生产并被再次返回本国且被吸收的本国中间产品出口中的国内增加值；第五，总出口中包含的国外增加值。而库普曼等（2014）则进一步将一国贸易出口细分为包括增加值和双重计算部分的九项，并可以被归纳为四种类型（即 KWW 方法）：第一，国外吸收的国内增加值出口；第二，增加值折返；第三，用于生产出口并被其他国家最终吸收的国外增加值；第四，由多次跨境中间产品贸易带来的纯重复计算部分。

虽然 KWW 方法提供了一个将总出口分解为国内增加值、国外增加值和重复计算项的统一分解框架，但该方法仍然存在一定局限和改进空间。例如，洛斯等（Los et al.，2016）指出，KWW 方法的分解思路过于复杂，并提出运用假设抽取法（hypothetical extraction）进行改进。使用假设抽取法进行分解不仅更为简单，而且利用单国投入产出表即可计算国内增加值出口。

（3）WWZ 方法。

KPWW 方法和 KWW 方法均只能分解国家层面的总出口，王等（Wang et al.，2013）、王直等（2015）进一步拓展该分解框架至国家/部门层面、双边层面、双边/部门层面（即 WWZ 方法）。WWZ 方法提供了一个分类核算框架，克服了通常使用的里昂惕夫分解方法的两点不足：第一，仅能实现对总产出（或出口）中增加值的核算，但无法进一步反映总值贸易流量中的

---

① 库普曼等（2010）的研究还有一个重要贡献，即首次定量区分了出口中的国内增加值与增加值出口间的不同。出口中的国内增加值并不区分生产国创造价值的最终吸收国，而增加值出口则关注出口产品是如何被进口国使用和吸收的，强调一国生产而被另一国最终吸收的增加值。

国内增加值和重复计算部分的详细信息；第二，无法反映总值贸易流量中的增加值的结构信息。概括而言，WWZ 方法测算的核心思路是，依据增加值的最终吸收地，将所有双边中间贸易分解为最终需求，并将各生产阶段中的总产出表示为对应国家的最终需求。

虽然由 WWZ 方法分解得到的增加值类型与 KWW 方法一致，但 WWZ 方法实现了在四种增加值类型下对价值链分工更为精细地捕捉。例如，根据不同需求渠道与贸易流向进行分解，国内增加值出口可以被进一步细分为最终出口、直接进口国吸收的中间产品出口、由本国（或第三国家）吸收的再出口的中间产品出口（Wang et al.，2013）。此外，WWZ 方法的创新还体现为，明确了后向联系和前向联系间的区别。其中，后向联系指基于需求侧展开分解，包括所有上游国家部门对特定国家部门最终产品出口的增加值贡献。而前向联系指基于供给侧展开分解，包括所有国家部门的最终产品和服务生产的特定原始来源。基于后向联系和前向联系进行分解的结果具有不同的经济学含义，由于整体层面增加值等于最终需求，因此，后向联系和前向联系的分解结果等价，但当细化到部门或双边层面时，区分两种联系的分解结果即存在差异。因此，在双边、部门或双边部门层面进行分解时，区分后向联系和前向联系显得尤为重要。

综上所述，考虑到本书的研究问题区分了国家价值链的不同类型和参与方式，因此，本书将采用 WWZ 方法对国家价值链进行定量测度。

3.1.3 国家价值链测度：基础数据

区域间投入产出表反映了不同区域内各产业间的投入产出关系，对于深入认识区域间经济联系有着重要作用，也是价值链核算领域基础性的数据来源。但由于中国各省份间并不开展独立的商品流入流出统计，因此，在测度地区间的商品往来情况时，通常应结合使用调查方法和非调查方法（沈剑飞，2018）。表 3-2 展示了主要的中国区域间投入产出表的年份、编制团队、行业划分、区域划分的情况。

表 3 - 2　　　　主要的中国区域间投入产出表的相关信息

年份	编制团队	行业划分	区域划分
1987	市村真一、王慧炯：《中国经济区域间投入产出表》，化学工业出版社 2007 年版。	9 个行业	7 个区域
	国务院发展研究中心、国际东亚发展研究中心		
1997	国家信息中心：《中国区域间投入产出表》，社会科学文献出版社 2005 年版。	8 个行业、17 个行业	8 个区域
	国家信息中心、日本亚洲经济研究所		
2002 *、2007 *	张亚雄、齐舒畅：《2002、2007 年中国区域间投入产出表》，中国统计出版社 2012 年版。		
	国家信息中心、国家统计局		
2002	石敏俊、张卓颖：《中国省区间投入产出模型与区际经济联系》，科学出版社 2012 年版。	21 个行业	30 个省份
	中国科学院虚拟经济与数据科学研究中心		
2002 *	李善同、彭志龙：《2002 年中国地区扩展投入产出表：编制与应用》，经济科学出版社 2010 年版。	42 个行业	
	国务院发展研究中心、国家统计局		
2007 *	刘卫东等：《中国 2007 年 30 省区市区域间投入产出表编制理论与实践》，中国统计出版社 2012 年版。	6 个行业、30 个行业	30 个省份
	中国科学院地理科学与资源研究所、国家统计局		
	李善同：《2007 年中国地区扩展投入产出表：编制与应用》，经济科学出版社 2016 年版。	42 个行业	
	国务院发展研究中心、国家统计局		
2010 *	刘卫东等：《2010 年中国 30 省区市区域间投入产出表》，中国统计出版社 2014 年版。	6 个行业、30 个行业	30 个省份
	中国科学院地理科学与资源研究所、国家统计局		
2012 *	刘卫东等：《2012 年中国 31 省区市区域间投入产出表》，中国统计出版社 2018 年版。	8 个行业、42 个行业	31 个省份
	中国科学院地理科学与资源研究所、国家统计局		
	中国碳排放数据库（CEADs）2012 年中国多区域投入产出表		31 个省份
	中国碳排放数据库（CEADs）2012 年中国多区域投入产出表（旧版 1）	42 个行业	
	李善同：《2012 年中国地区扩展投入产出表：编制与应用》，经济科学出版社 2018 年版。		30 个省份
	国务院发展研究中心、国家统计局		

年份	编制团队	行业划分	区域划分
2015*	中国碳排放数据库（CEADs） 2015 年中国多区域投入产出表	42 个行业	31 个省份
2017*	中国碳排放数据库（CEADs） 2017 年中国多区域投入产出表	42 个行业	31 个省份
	李善同等：《2017 年中国省际间投入产出表：编制与应用》，经济科学出版社 2021 年版。		
	国务院发展研究中心、国家统计局		

注：年份右上角标 * 表示为非竞争型投入产出表。
资料来源：作者整理。

依据对进口产品的不同处理方法，区域间投入产出表可以分为竞争型与非竞争型两种。竞争型投入产出表未对中间投入的来源进行区分，暗含中间投入中的本国生产部分与国外进口部分可以完全替代的假定，并且仅在最终需求象限中列示进口列向量，因此，无法反映各生产部门与国外进口的关联。而非竞争型投入产出表则区分了中间投入是由本国生产还是来源于国外进口，放松了在竞争型投入产出表中潜藏的完全替代假定。因此，在进行价值链定量核算时，主要采用非竞争型区域间投入产出表。

表 3 – 3 是 N 个地区 G 个行业的国家内部区域间非竞争型投入产出表示例。从列关系上来看，列项总和为地区分产业的总投入，由国内所有地区全部产业的中间投入、进口和增加值三部分构成；从行关系上来看，行项总和为地区分产业的总产出，由国内所有地区全部产业的中间使用、最终使用和出口三部分构成。

但上述的非竞争型区域间投入产出表中只提供了进口中间品的信息，并未进一步区分纯国外增加值与回流增加值。针对这一问题，苏庆义（2016）提供了相应的处理方法。具体而言：第一步，在区域间投入产出表和世界投入产出表的基础上，运用贸易增加值分解方法，可以分别计算得出中国进口中间品中属于回流的国内增加值，以及属于纯进口的增加值的部分；第二步，计算中国从世界投入产出表中的国家进口中间品占中国总进口中间品的比重，并将该比重与第一步中计算得出的回流国内增加值和纯进口增加值相

表3-3　区域间非竞争型投入产出表（N个地区 G个行业）

项目		中间使用						最终使用			出口	总产出
		地区1		……	地区N			地区1	……	地区N		
		行业1	…… 行业G		行业1	……	行业G					
中间投入	地区1 行业1	X_{11}^{11}	…… X_{1G}^{11}	……	X_{11}^{1N}	……	X_{1G}^{1N}	F_1^{11}	……	F_1^{1N}	E_1^1	X_1^1
	……	……	……	……	……	……	……	……	……	……	……	……
	地区1 行业G	X_{G1}^{11}	…… X_{GG}^{11}	……	X_{G1}^{1N}	……	X_{GG}^{1N}	F_G^{11}	……	F_G^{1N}	E_G^1	X_G^1
	……	……	……	……	……	……	……	……	……	……	……	……
	地区N 行业1	X_{11}^{N1}	…… X_{1G}^{N1}	……	X_{11}^{NN}	……	X_{1G}^{NN}	F_1^{N1}	……	F_1^{NN}	E_1^N	X_1^N
	……	……	……	……	……	……	……	……	……	……	……	……
	地区N 行业G	X_{G1}^{N1}	…… X_{GG}^{N1}	……	X_{G1}^{NN}	……	X_{GG}^{NN}	F_G^{N1}	……	F_G^{NN}	E_G^N	X_G^N
进口		M_1^1	…… M_G^1	……	M_1^N	……	M_G^N					
增加值		VA_1^1	…… VA_G^1	……	VA_1^N	……	VA_G^N					
总投入		X_1^1	…… X_G^1	……	X_1^N	……	X_G^N					

注：若i，j为地区，r，s为行业，则X_{rs}^{ij}是地区i行业r对地区j行业s投入的中间产品，F_r^{ij}是地区i行业r对地区j提供的最终产品。

资料来源：作者整理。

乘，即可分别计算出中国全部进口中间品中属于回流的全部国内增加值，以及属于纯进口的全部增加值。

3.1.4 国家价值链测度：核算指标

借鉴伍（2010）、库普曼（2010）、黎峰（2016）、邵朝对和苏丹妮（2019）的研究，本部分将介绍国家价值链视角下的相关核算指标构建思路及其内涵。

3.1.4.1 国家价值链参与度

国家价值链参与度旨在从中间品使用与中间品供给的角度表征融入国家价值链分工体系的程度。如果进一步区分中间品使用和中间品供给，可分别被表示为国家价值链前向参与度和后向参与度。具体而言，国家价值链参与度、国家价值链前向参与度、国家价值链后向参与度在地区层面、地区—行业层面的测度方法如下。

第一，地区层面。地区 i 的国家价值链参与度、前向参与度、后向参与度分别表示地区 i 流出总额中的间接增加值与国内流出中来自国内其他地区或进口的增加值占流出总额的比重、地区 i 流出总额中的间接增加值占流出总额的比重、地区 i 国内流出中来自国内其他地区或进口的增加值占流出总额的比重。

$$\text{NVCP}^i = \frac{\text{IV}^i + \text{FV}^i}{Z^i} \quad \text{NVCPU}^i = \frac{\text{IV}^i}{Z^i} \quad \text{NVCPD}^i = \frac{\text{FV}^i}{Z^i} \qquad (3-30)$$

第二，地区—行业层面。地区 i 行业 k 的国家价值链参与度、前向参与度、后向参与度分别表示地区 i 行业 k 流出总额中的间接增加值与国内流出中来自国内其他地区或进口的增加值占流出总额的比重、地区 i 行业 k 流出总额中的间接增加值占流出总额的比重、地区 i 行业 k 国内流出中来自国内其他地区或进口的增加值占流出总额的比重。

$$\text{NVCP}^i_k = \frac{\text{IV}^i_k + \text{FV}^i_k}{Z^i_k} \quad \text{NVCPU}^i_k = \frac{\text{IV}^i_k}{Z^i_k} \quad \text{NVCPD}^i_k = \frac{\text{FV}^i_k}{Z^i_k} \qquad (3-31)$$

其中，FV^i 表示地区 i 通过参与国家价值链获取的国内其他地区或进口的增加值；FV^i_k 表示地区 i 行业 k 通过参与国家价值链获取的国内其他地区或进口的增加值；IV^i 表示地区 i 通过参与国家价值链实现的间接增加值；IV^i_k 表示地区 i 行业 k 通过参与国家价值链实现的间接增加值；Z^i（Z^j）表示地区 i（地区 j）的流出总额；Z^i_k 表示地区 i 行业 k 的流出总额。国家价值链参与度越高，表示通过中间品使用和中间品供给方式融入国家价值链分工体系的程度越深。

3.1.4.2　国家价值链地位

国家价值链地位旨在反映参与国家价值链的方式是以前向参与还是后向参与为主。具体而言，国家价值链地位在地区层面、地区—行业层面的测度方法如下。

第一，地区层面。地区 i 的国家价值链地位表示地区 i 流出总额中的间接增加值占比加 1 的对数值减去地区 i 国内流出中来自国内其他地区或进口的增加值占流出总额的比重加 1 的对数值。

$$NVCPO^i = \ln\left(1 + \frac{IV^i}{Z^i}\right) - \ln\left(1 + \frac{FV^i}{Z^i}\right) \qquad (3-32)$$

第二，地区—行业层面。地区 i 行业 k 的国家价值链地位表示地区 i 行业 k 流出总额中的间接增加值占比加 1 的对数值减去地区 i 行业 k 国内流出中来自国内其他地区或进口的增加值占流出总额的比重加 1 的对数值。

$$NVCPO^i_k = \ln\left(1 + \frac{IV^i_k}{Z^i_k}\right) - \ln\left(1 + \frac{FV^i_k}{Z^i_k}\right) \qquad (3-33)$$

其中，IV^i、FV^i、Z^i、IV^i_k、FV^i_k、Z^i_k 的含义同上。国家价值链地位越高，表示更多通过提供中间品的方式参与国家价值链，越靠近国家价值链上游；反之则表示更多依赖中间品使用的方式参与国家价值链，越靠近国家价值链下游。

3.1.4.3　国家价值链贸易利得

国家价值链贸易利得旨在反映单位流出中通过国家价值链参与创造的增

加值份额。具体而言，国家价值链贸易利得在地区层面、地区—行业层面的测度方法如下。

第一，地区层面。地区 i 的国家价值链贸易利得表示地区 i 流出总额中的地区 i 的增加值占比。

$$NVCG^i = \frac{RV^i}{Z^i} \qquad (3-34)$$

第二，地区—行业层面。地区 i 行业 k 的国家价值链贸易利得表示地区 i 行业 k 流出总额中的地区 i 行业 k 的增加值占比。

$$NVCG_k^i = \frac{RV_k^i}{Z_k^i} \qquad (3-35)$$

其中，Z^i、Z_k^i 的含义同上。RV^i 表示地区 i 通过参与国家价值链实现的地区增加值。RV_k^i 表示地区 i 行业 k 通过参与国家价值链实现的地区增加值。国家价值链贸易利得越高，表示通过参与国家价值链获得的收益水平越高。

3.2 中国国家价值链的特征事实

3.2.1 单一型与复合型的国家价值链测度说明

基于前面针对国家价值链测度方法的介绍，以及绪论部分区分定义的单一型国家价值链和复合型国家价值链，本部分具体说明运用 WWZ 方法进行贸易增加值分解后，国家价值链相关指标的构建思路。

具体而言，矩阵 V、M、F、E、X、A、L、B 的设定形式与前面一致，即 V^i、M^i 均为 $1 \times G$ 阶向量，F^{ij}、E^i、X^j 为 $G \times 1$ 阶向量，A^{ij}、L^{ij} 为 $G \times G$ 阶向量，且 $L = (I-A)^{-1}$，$B^{ii} = (I-A^{ii})^{-1}$。

根据式（3-29）的分解结果及各项分解结果对应的经济内涵，以地区 i 为例：

$$T1^i = {}_3\sum_{j \neq i}^{N} \left[(V^i B^{ii})^T \# \left(A^{ij} \sum_{k \neq i, k \neq j}^{N} L^{jk} F^{kk} \right) \right]$$

$$+_4 \sum_{j \neq i}^{N} \left[(V^i B^{ii})^T \# \left(A^{ij} L^{jj} \sum_{k \neq i, k \neq j}^{N} F^{jk} \right) \right]$$

$$+_5 \sum_{j \neq i}^{N} \left[(V^i B^{ii})^T \# \left(A^{ij} \sum_{k \neq i, k \neq j}^{N} L^{jk} \sum_{u \neq i, u \neq k}^{N} F^{ku} \right) \right] \qquad (3-36)$$

$$T2^i =\,_{14} \sum_{j \neq i}^{N} \left[(V^j L^{ji})^T \# F^{ij} \right] +_{17} \sum_{j \neq i}^{N} \left[\left(\sum_{k \neq i, k \neq j}^{N} V^k L^{ki} \right)^T \# F^{ij} \right]$$

$$+_{15} \sum_{j \neq i}^{N} \left[(V^j L^{ji})^T \# (A^{ij} B^{jj} F^{jj}) \right]$$

$$+_{18} \sum_{j \neq i}^{N} \left[\left(\sum_{k \neq i, k \neq j}^{N} V^k L^{ki} \right)^T \# (A^{ij} B^{jj} F^{jj}) \right] \qquad (3-37)$$

$$T3^i =\,_{11} \sum_{j \neq i}^{N} \left[(V^i B^{ii})^T \# (A^{ij} L^{jj} E^j) \right] +_{13} \sum_{j \neq i}^{N} \left[(V^i B^{ii})^T \# \left(A^{ij} \sum_{k \neq i, k \neq j}^{N} L^{jk} E^k \right) \right]$$

$$(3-38)$$

$$T4^i =\,_{20} \sum_{j \neq i}^{N} \left[(M^i L^{ii})^T \# F^{ij} \right] +_{21} \sum_{j \neq i}^{N} \left[(M^i B^{ii})^T \# (A^{ij} L^{jj} F^{jj}) \right]$$

$$+_{22} \sum_{j \neq i}^{N} \left[(M^i B^{ii})^T \# \left(A^{ij} \sum_{k \neq i, k \neq j}^{N} L^{jk} F^{kk} \right) \right]$$

$$+_{23} \sum_{j \neq i}^{N} \left[(M^i B^{ii})^T \# \left(A^{ij} L^{jj} \sum_{k \neq i, k \neq j}^{N} F^{jk} \right) \right]$$

$$+_{24} \sum_{j \neq i}^{N} \left[(M^i B^{ii})^T \# \left(A^{ij} \sum_{k \neq i, k \neq j}^{N} L^{jk} \sum_{u \neq i, u \neq k}^{N} F^{ku} \right) \right]$$

$$+_{25} \sum_{j \neq i}^{N} \left[(M^i B^{ii})^T \# (A^{ij} L^{jj} F^{ji}) \right]$$

$$+_{26} \sum_{j \neq i}^{N} \left[(M^i B^{ii})^T \# \left(A^{ij} \sum_{k \neq i, k \neq j}^{N} L^{jk} F^{ki} \right) \right]$$

$$+_{27} \sum_{j \neq i}^{N} \left[(M^i B^{ii})^T \# (A^{ij} L^{ji} F^{ii}) \right] +_{33} \sum_{j \neq i}^{N} \left[(M^j L^{ji})^T \# F^{ij} \right]$$

$$+_{34} \sum_{j \neq i}^{N} \left[(M^{ji} L^i)^T \# (A^{ij} B^{jj} F^{jj}) \right]$$

$$+_{36} \sum_{j \neq i}^{N} \left[\left(\sum_{k \neq i, k \neq j}^{N} M^k L^{ki} \right)^T \# F^{ij} \right]$$

$$+_{37} \sum_{j \neq i}^{N} \left[\left(\sum_{k \neq i, k \neq j}^{N} M^k L^{ki} \right)^T \# (A^{ij} B^{jj} F^{jj}) \right] \qquad (3-39)$$

$$Z^{i*} = \sum_{j \neq i}^{N} (A^{ij}X^j + F^{ij}) + E^i \qquad (3-40)$$

其中，$T1^i$ 表示以中间产品形式国内流出并被国内其他地区吸收的地区 i 的增加值，增加值流转对应"地区 i—国内其他地区 1—国内其他地区 2"的类型。$T2^i$ 表示地区 i 流出中蕴含的以最终产品形式或中间产品形式吸收的来自国内其他地区的增加值，增加值流转对应"国内其他地区 1—地区 i—国内其他地区 2"的类型。$T3^i$ 表示出口中所蕴含的地区 i 的增加值，增加值流转对应"地区 i—国内其他地区 1—出口"的类型。$T4^i$ 表示由地区 i 或国内其他地区直接进口并包含在地区 i 流出到国内其他地区中的增加值，增加值流转对应"进口—地区 i—国内其他地区 1"的类型。Z^{i*} 表示地区 i 的总流出，即地区 i 以中间产品和最终产品形式向国内其他地区和国外的流出之和。此外，"#"表示相同维度矩阵对应元素乘积的运算符号，"·/"表示相同维度矩阵对应元素相除的运算符号。

进一步结合单一型国家价值链与复合型国家价值链的定义，以及前面针对价值链核算指标说明可得：

$$NVC1U^i = T1^i \cdot /Z^i \quad NVC1D^i = T2^i \cdot /Z^i$$
$$NVC2U^i = T3^i \cdot /Z^i \quad NVC2D^i = T4^i \cdot /Z^i$$
$$NVC1^i = NVC1U^i + NVC1D^i \quad NVC2^i = NVC2U^i + NVC2D^i \qquad (3-41)$$

其中，$NVC1U^i$、$NVC1D^i$、$NVC2U^i$、$NVC2D^i$ 依次代表地区 i 的单一型国家价值链的前向参与度、单一型国家价值链的后向参与度、复合型国家价值链的前向参与度、复合型国家价值链的后向参与度。$NVC1^i$、$NVC2^i$ 则表示地区 i 的单一型国家价值链和复合型国家价值链参与度的整体水平。

3.2.2 单一型与复合型的国家价值链参与度特征事实[①]

3.2.2.1 分省份层面国家价值链参与度

表 3-4 展示了 2007 年、2010 年、2012 年、2015 年中国（除港澳台地

---

① 计算数据来源为 2007 年、2010 年、2012 年、2015 年的中国区域间投入产出表。

区、西藏自治区）的 30 个省份的单一型国家价值链参与度整体水平。

表 3 - 4　　2007 年、2010 年、2012 年、2015 年中国分省份单一型国家价值链参与度

省份	2007 年	2010 年	2012 年	2015 年	平均	排名	变动情况
山西	0.37	0.365	0.576	0.422	0.433	1	↑
青海	0.335	0.386	0.38	0.421	0.381	2	↑
新疆	0.333	0.302	0.4	0.432	0.367	3	↑
黑龙江	0.352	0.292	0.421	0.372	0.359	4	↑
陕西	0.327	0.3	0.368	0.436	0.358	5	↑
宁夏	0.293	0.268	0.485	0.313	0.34	6	↑
内蒙古	0.332	0.317	0.356	0.345	0.338	7	↑
吉林	0.328	0.297	0.378	0.327	0.333	8	↓
甘肃	0.255	0.293	0.367	0.413	0.332	9	↑
安徽	0.261	0.261	0.382	0.398	0.326	10	↑
贵州	0.278	0.27	0.354	0.37	0.318	11	↑
重庆	0.264	0.24	0.365	0.325	0.299	12	↑
河北	0.275	0.258	0.335	0.32	0.297	13	↑
河南	0.255	0.219	0.357	0.342	0.293	14	↑
云南	0.236	0.219	0.353	0.346	0.289	15	↑
江西	0.222	0.212	0.319	0.315	0.267	16	↑
海南	0.139	0.196	0.321	0.396	0.263	17	↑
广西	0.227	0.236	0.27	0.307	0.26	18	↑
湖南	0.209	0.189	0.289	0.324	0.253	19	↑
天津	0.2	0.239	0.263	0.254	0.239	20	↑
辽宁	0.203	0.193	0.265	0.283	0.236	21	↑
四川	0.212	0.184	0.246	0.264	0.227	22	↑
北京	0.137	0.183	0.278	0.274	0.218	23	↑
湖北	0.208	0.189	0.191	0.264	0.213	24	↑
山东	0.153	0.128	0.155	0.241	0.169	25	↑
江苏	0.112	0.122	0.203	0.223	0.165	26	↑

省份	2007 年	2010 年	2012 年	2015 年	平均	排名	变动情况
浙江	0.112	0.139	0.177	0.227	0.164	27	↑
上海	0.096	0.148	0.18	0.195	0.155	28	↑
福建	0.095	0.125	0.133	0.185	0.135	29	↑
广东	0.072	0.103	0.079	0.091	0.086	30	↑

资料来源：作者整理。

　　具体而言，第一，从分省份单一型国家价值链参与度平均水平上可以看出，单一型国家价值链参与度平均水平较高的省份包括山西、青海、新疆、黑龙江、陕西，而单一型国家价值链参与度平均水平较低的省份包括广东、福建、上海、浙江、江苏。可以看出，以"两头在内"为主要特征的单一型国家价值链参与度平均水平较高的省份主要集中在中西部和东北地区，而沿海和京津地区的单一型国家价值链参与度平均水平整体较低。第二，从分省份单一型国家价值链参与度的变动情况上可以看出，除吉林外，其余省份2015 年的单一型国家价值链参与度相较于 2007 年均有所提升，反映出单一型国家价值链参与度总体增长的趋势。更进一步地，通过对比 2015 年相较于 2007 年的单一型国家价值链参与度增幅可知，排在前五位的省份依次为海南、上海、浙江、北京、江苏，上述省份表现出了相对更为显著的增长趋势，说明虽然样本期内位于沿海和京津地区省份的单一型国家价值链参与度相对较低，但其具有更高水平的增长幅度。

　　与表 3-4 类似，表 3-5 展示了 2007 年、2010 年、2012 年、2015 年中国（除港澳台地区、西藏自治区）的 30 个省份的复合型国家价值链参与度整体水平。

表 3-5　　**2007 年、2010 年、2012 年、2015 年中国分省份复合型国家价值链参与度**

省份	2007 年	2010 年	2012 年	2015 年	平均	排名	变动情况
上海	0.24	0.219	0.316	0.31	0.271	1	↑
天津	0.283	0.244	0.267	0.263	0.264	2	↓
海南	0.311	0.238	0.292	0.153	0.249	3	↓

省份	2007 年	2010 年	2012 年	2015 年	平均	排名	变动情况
浙江	0.267	0.244	0.236	0.225	0.243	4	↓
北京	0.245	0.204	0.279	0.227	0.239	5	↓
辽宁	0.247	0.225	0.211	0.208	0.223	6	↓
江苏	0.214	0.223	0.224	0.213	0.219	7	↓
广西	0.23	0.244	0.187	0.214	0.219	8	↓
山西	0.263	0.231	0.21	0.158	0.216	9	↓
福建	0.217	0.201	0.218	0.227	0.216	10	↑
江西	0.247	0.276	0.176	0.166	0.216	11	↓
内蒙古	0.224	0.221	0.236	0.177	0.215	12	↓
广东	0.222	0.21	0.203	0.221	0.214	13	↓
宁夏	0.238	0.205	0.15	0.253	0.212	14	↑
河北	0.232	0.24	0.181	0.182	0.209	15	↓
青海	0.255	0.246	0.151	0.185	0.209	16	↓
甘肃	0.236	0.265	0.204	0.119	0.206	17	↓
陕西	0.218	0.233	0.205	0.141	0.199	18	↓
新疆	0.244	0.238	0.182	0.133	0.199	19	↓
云南	0.272	0.222	0.152	0.144	0.198	20	↓
黑龙江	0.215	0.214	0.194	0.156	0.195	21	↓
山东	0.19	0.202	0.18	0.2	0.193	22	↑
安徽	0.243	0.213	0.161	0.144	0.19	23	↓
吉林	0.201	0.213	0.168	0.154	0.184	24	↓
河南	0.228	0.218	0.144	0.143	0.183	25	↓
湖南	0.224	0.199	0.131	0.139	0.173	26	↓
贵州	0.224	0.199	0.134	0.131	0.172	27	↓
重庆	0.214	0.2	0.107	0.159	0.17	28	↓
湖北	0.196	0.181	0.143	0.129	0.162	29	↓
四川	0.182	0.188	0.14	0.131	0.16	30	↓

资料来源：作者整理。

具体而言,第一,从分省份复合型国家价值链参与度平均水平上可以看出,复合型国家价值链参与度平均水平较高的省份包括上海、天津、海南、浙江、北京,而复合型国家价值链参与度平均水平较低的省份包括四川、湖北、重庆、贵州、湖南。可以看出,与单一型国家价值链参与度不同,以"一头在内、一头在外"为主要特征的复合型国家价值链参与度平均水平较高的省份主要集中在沿海和京津地区,而中西部地区的复合型国家价值链参与度平均水平整体则较低。第二,从分省份复合型国家价值链参与度的变动情况上可以看出,除上海、福建、山东、宁夏外,其余省份 2015 年的复合型国家价值链参与度相较于 2007 年均有所降低,反映出复合型国家价值链参与度总体下降的趋势,通过更进一步计算可知,降幅较大的省份集中在海南、甘肃、云南、新疆、贵州等中西部地区,这可能使得中西部地区与沿海、京津地区在复合型国家价值链参与度水平上的差距继续拉大。

3.2.2.2 分行业层面国家价值链参与度

表 3-6 展示了 2007 年、2010 年、2012 年、2015 年中国 30 个细分行业的单一型国家价值链参与度整体水平。

表 3-6 **2007 年、2010 年、2012 年、2015 年中国分行业单一型国家价值链参与度**

行业序号	2007 年	2010 年	2012 年	2015 年	平均	排名	变动情况
3	0.536	0.496	0.561	0.617	0.553	1	↑
2	0.41	0.414	0.512	0.484	0.455	2	↑
4	0.413	0.437	0.444	0.504	0.45	3	↑
22	0.35	0.354	0.552	0.496	0.438	4	↑
23	0.294	0.295	0.485	0.408	0.371	5	↑
5	0.276	0.299	0.382	0.432	0.347	6	↑
11	0.262	0.241	0.354	0.373	0.308	7	↑
1	0.257	0.252	0.29	0.344	0.286	8	↑
14	0.223	0.245	0.339	0.322	0.282	9	↑
27	0.201	0.242	0.345	0.327	0.279	10	↑

续表

行业序号	2007 年	2010 年	2012 年	2015 年	平均	排名	变动情况
6	0.242	0.225	0.316	0.319	0.276	11	↑
24	0.244	0.185	0.314	0.336	0.27	12	↑
13	0.241	0.221	0.304	0.306	0.268	13	↑
25	0.169	0.226	0.331	0.31	0.259	14	↑
12	0.185	0.19	0.299	0.284	0.24	15	↑
21	0.147	0.15	0.333	0.317	0.237	16	↑
17	0.225	0.221	0.241	0.256	0.236	17	↑
30	0.159	0.19	0.209	0.262	0.205	18	↑
29	0.182	0.198	0.157	0.26	0.199	19	↑
26	0.138	0.142	0.226	0.233	0.185	20	↑
16	0.153	0.165	0.175	0.217	0.178	21	↑
15	0.186	0.188	0.133	0.191	0.175	22	↑
10	0.145	0.183	0.138	0.223	0.172	23	↑
28	0.085	0.098	0.132	0.32	0.159	24	↑
9	0.115	0.13	0.161	0.195	0.15	25	↑
18	0.106	0.126	0.181	0.166	0.145	26	↑
7	0.061	0.088	0.187	0.171	0.127	27	↑
8	0.088	0.133	0.137	0.121	0.12	28	↑
20	0.022	0.025	0.185	0.196	0.107	29	↑
19	0.022	0.024	0.066	0.059	0.043	30	↑

注：行业序号 1~30 依次对应的行业为：（1）农林牧渔业、（2）煤炭开采和洗选业、（3）石油和天然气开采业、（4）金属矿采选业、（5）非金属矿及其他矿采选业、（6）食品制造及烟草加工业、（7）纺织业、（8）纺织服装鞋帽皮革羽绒及其制品业、（9）木材加工及家具制造业、（10）造纸印刷及文教体育用品制造业、（11）石油加工炼焦及核燃料加工业、（12）化学工业、（13）非金属矿物制品业、（14）金属冶炼及压延加工业、（15）金属制品业、（16）通用专用设备制造业、（17）交通运输设备制造业、（18）电气机械及器材制造业、（19）通信设备计算机及其他电子设备制造业、（20）仪器仪表及文化办公用机械制造业、（21）其他制造业、（22）电力热力的生产和供应业、（23）燃气及水的生产与供应业、（24）建筑业、（25）交通运输及仓储业、（26）批发零售业、（27）住宿餐饮业、（28）租赁和商业服务业、（29）研究与试验发展业、（30）其他服务业。以下各图表中的序号与行业对应关系相同。

资料来源：作者整理。

　　具体而言，第一，从分行业单一型国家价值链参与度平均水平上可以看出，单一型国家价值链参与度平均水平较高的行业包括石油和天然气开采业、煤炭开采和洗选业、金属矿采选业、电力热力的生产和供应业、燃气及水的生产与供应业，而单一型国家价值链参与度平均水平较低的行业包括通信设备计算机及其他电子设备制造业、仪器仪表及文化办公用机械制造业、纺织服装鞋帽皮革羽绒及其制品业、纺织业、电气机械及器材制造业。可以看出，自然资源型行业的单一型国家价值链参与度平均水平相对较高，而技术密集型和劳动密集型行业的单一型国家价值链参与度平均水平则相对较低。第二，从分行业单一型国家价值链参与度的变动情况上可以看出，2015年30个细分行业的单一型国家价值链参与度相较于2007年均有所提升，增幅位列前三位的行业为仪器仪表及文化办公用机械制造业、租赁和商业服务业、纺织业，增幅均在180%以上。

　　与表3-6类似，表3-7展示了2007年、2010年、2012年、2015年30个细分行业的复合型国家价值链参与度整体水平。

表3-7　　2007年、2010年、2012年、2015年中国分行业复合型国家价值链参与度

行业序号	2007年	2010年	2012年	2015年	平均	排名	变动情况
11	0.367	0.377	0.368	0.311	0.356	1	↓
14	0.305	0.328	0.279	0.243	0.289	2	↓
4	0.314	0.263	0.287	0.265	0.282	3	↓
7	0.268	0.292	0.241	0.274	0.269	4	↑
12	0.265	0.257	0.265	0.252	0.26	5	↓
15	0.282	0.257	0.248	0.24	0.257	6	↓
18	0.265	0.258	0.235	0.241	0.25	7	↓
17	0.258	0.233	0.241	0.259	0.248	8	↑
3	0.277	0.244	0.255	0.207	0.246	9	↓
21	0.237	0.216	0.253	0.272	0.245	10	↑
10	0.251	0.232	0.226	0.239	0.237	11	↓
2	0.28	0.236	0.237	0.192	0.236	12	↓
16	0.232	0.239	0.228	0.242	0.235	13	↑
25	0.228	0.203	0.254	0.227	0.228	14	↓

续表

行业序号	2007 年	2010 年	2012 年	2015 年	平均	排名	变动情况
8	0.25	0.219	0.194	0.203	0.217	15	↓
9	0.248	0.213	0.176	0.223	0.215	16	↓
20	0.157	0.187	0.229	0.255	0.207	17	↑
29	0.214	0.154	0.222	0.213	0.201	18	↓
22	0.246	0.201	0.176	0.172	0.199	19	↓
19	0.178	0.18	0.213	0.219	0.198	20	↑
23	0.224	0.187	0.159	0.179	0.187	21	↓
5	0.19	0.194	0.182	0.159	0.181	22	↓
28	0.182	0.174	0.171	0.183	0.178	23	↑
13	0.178	0.189	0.166	0.144	0.169	24	↓
27	0.173	0.132	0.181	0.163	0.162	25	↓
6	0.14	0.147	0.155	0.134	0.144	26	↓
1	0.155	0.134	0.122	0.129	0.135	27	↓
24	0.14	0.139	0.136	0.121	0.134	28	↓
30	0.164	0.135	0.113	0.124	0.134	29	↓
26	0.142	0.124	0.119	0.131	0.129	30	↓

资料来源：作者整理。

　　具体而言，第一，从分行业复合型国家价值链参与度平均水平上可以看出，复合型国家价值链参与度平均水平较高的行业包括石油加工炼焦及核燃料加工业、金属冶炼及压延加工业、金属矿采选业、纺织业、化学工业，而复合型国家价值链参与度平均水平较低的行业包括批发零售业、其他服务业、建筑业、农林牧渔业、食品制造及烟草加工业。可以看出，复合型国家价值链参与度平均水平相对较高的行业以资本密集型行业为主，且多为传统工业行业，而复合型国家价值链参与度平均水平相对较低的行业则主要集中在服务业，这可能与服务业相较于其他行业面临更多的扩大开放限制有关。第二，从分行业复合型国家价值链参与度的变动情况上可以看出，相较于2007 年，2015 年共有 23 个细分行业的复合型国家价值链参与度有所下降。降幅最高的前三个行业为煤炭开采和洗选业、电力热力的生产和供应业、石油和天然气开采业，均为自然资源型行业。

3.2.3 单一型与复合型的国家价值链前向参与度特征事实

3.2.3.1 分省份层面国家价值链前向参与度

图 3 – 1 展示了 2015 年中国（除港澳台地区、西藏自治区）的 30 个省份的单一型和复合型国家价值链的前向参与度。可以看出，所有省份的单一型国家价值链前向参与度均大于复合型国家价值链前向参与度，其中，单一型国家价值链前向参与度最高的三个省份与复合型国家价值链前向参与度最高的三个省份均为新疆、青海、陕西，说明这三个省份以上游供应商身份参与单一型与复合型国家价值链分工的程度均为最深。

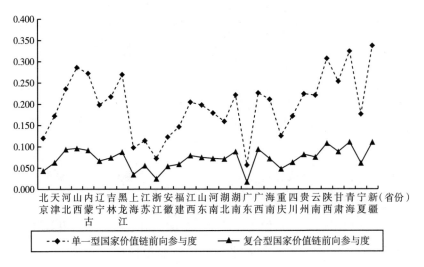

图 3 – 1 2015 年中国分省份单一型和复合型国家价值链前向参与度

资料来源：作者整理。

图 3 – 2 展示了 2015 年中国（除港澳台地区、西藏自治区）的 30 个省份的单一型和复合型国家价值链的前向参与度占比。具体而言，第一，在 30 个省份中，除安徽、贵州、陕西、甘肃、新疆外，剩余 25 个省份的单一型国家价值链前向参与度占比均高于复合型国家价值链前向参与度占比。第二，将单一型国家价值链前向参与度占比与 50% 标示线进行对比可以看出，除北京、上海、浙江、安徽、重庆外，剩余 25 个省份的单一型国家价值链

前向参与度占比均高于50%，说明绝大多数省份参与单一型国家价值链分工时主要以前向嵌入为主。第三，将复合型国家价值链前向参与度占比与50%标示线进行对比可以看出，河北、山西、内蒙古、黑龙江、河南、湖北、湖南、贵州、云南、陕西、甘肃、青海、新疆的复合型国家价值链前向参与度占比均高于50%，说明这些省份主要以前向嵌入方式参与复合型国家价值链分工。

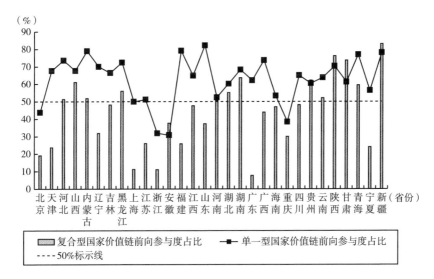

图3－2　2015年中国分省份单一型和复合型国家价值链前向参与度占比

资料来源：作者整理。

3.2.3.2　分行业层面国家价值链前向参与度

图3－3展示了2015年中国30个细分行业的单一型和复合型国家价值链的前向参与度。可以看出，除通信设备计算机及其他电子设备制造业外，其余行业的单一型国家价值链前向参与度均大于复合型国家价值链前向参与度。其中，单一型国家价值链前向参与度与复合型国家价值链前向参与度最高的三个行业均为煤炭开采和洗选业、石油和天然气开采业、金属矿采选业。

图3－4展示了2015年中国30个细分行业的单一型和复合型国家价值链的前向参与度占比。具体而言，第一，30个细分行业的单一型国家价值链前

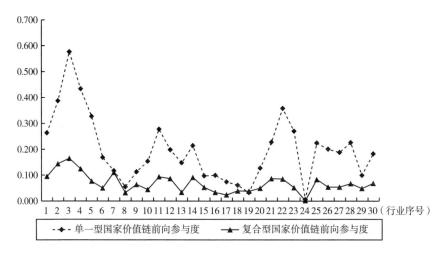

图 3 - 3　2015 年中国分行业单一型和复合型国家价值链前向参与度

资料来源：作者整理。

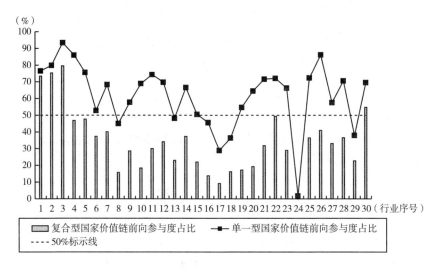

图 3 - 4　2015 年中国分行业单一型和复合型国家价值链前向参与度占比

资料来源：作者整理。

向参与度占比均高于复合型国家价值链前向参与度占比。第二，将单一型国家价值链前向参与度占比与 50% 标示线进行对比可以看出，除纺织服装鞋帽皮革羽绒及其制品业、非金属矿物制品业、通用专用设备制造业、交通运输设备制造业、电气机械及器材制造业、建筑业、研究与试验发展业外，剩余

23 个行业的单一型国家价值链前向参与度占比均高于 50%，说明绝大多数行业参与单一型国家价值链分工时以前向嵌入为主。第三，将复合型国家价值链前向参与度占比与 50% 标示线进行对比可以看出，仅农林牧渔业、煤炭开采和洗选业、石油和天然气开采业、其他服务业这四个行业的复合型国家价值链前向参与度占比高于 50%，即主要以前向嵌入方式参与复合型国家价值链分工。此外，值得注意的是，建筑业的单一型和复合型国家价值链前向参与度占比均低于 2%，换言之，建筑业不论参与单一型还是复合型国家价值链分工均以后向嵌入为主，这可能与建筑业的行业特性紧密相关。

3.2.4　单一型与复合型的国家价值链后向参与度特征事实

3.2.4.1　分省份层面国家价值链后向参与度

图 3－5 展示了 2015 年中国（除港澳台地区、西藏自治区）的 30 个省份的单一型和复合型国家价值链的后向参与度。通过对比各省份的单一型国家价值链后向参与度与复合型国家价值链后向参与度可以看出，单一型国家价值链后向参与度相对更高的省份主要集中在安徽、河南、重庆、甘肃等中

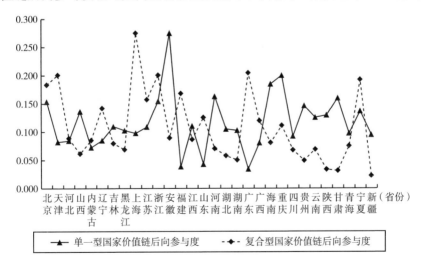

图 3－5　2015 年中国分省份单一型和复合型国家价值链后向参与度

资料来源：作者整理。

西部地区，而复合型国家价值链后向参与度相对更高的省份则主要集中在北京、天津、上海、浙江、广东等沿海地区，说明中西部地区以下游生产者身份参与单一型国家价值链分工的程度相对更深，而沿海地区以下游生产者身份参与复合型国家价值链的程度相对更深。

3.2.4.2 分行业层面国家价值链后向参与度

图3-6展示了2015年中国30个细分行业的单一型和复合型国家价值链的后向参与度。通过对比各行业的单一型国家价值链后向参与度与复合型国家价值链后向参与度可以看出，单一型国家价值链后向参与度相对更高的行业包括建筑业、食品制造及烟草加工业、电力热力的生产和供应业、煤炭开采和洗选业、非金属矿物制品业、农林牧渔业、住宿餐饮业、其他服务业、非金属矿及其他矿采选业、燃气及水的生产与供应业，而剩余20个行业的复合型国家价值链后向参与度则相对更高。

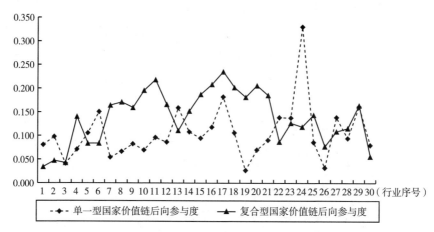

图 3 - 6   2015 年中国分行业单一型和复合型国家价值链后向参与度

资料来源：作者整理。

3.3   本章小结

本章涵盖了两部分内容：第一，介绍国家价值链测度的基本方法；第二，介绍中国国家价值链的特征事实。

　　具体而言，针对第一部分内容，本章对价值链测度领域运用的贸易增加值统计体系，以及三种主流增加值分解测算方法（包括 HIY 方法、KWW 方法、WWZ 方法）的主要思路进行了阐释，并基于方法间的比较，说明了选择 WWZ 方法作为本书国家价值链定量测度工具的原因。在此基础上，进一步介绍了国家价值链测度所需使用的基础数据来源与国家价值链核算指标的构建思路。

　　针对第二部分内容，本章对 2007 年、2010 年、2012 年、2015 年中国（除港澳台地区、西藏自治区）的 30 个省份、30 个行业的单一型和复合型国家价值链的整体参与度、前向参与度、后向参与度进行测度，并分省份和分行业依次进行特征事实描述。研究发现：（1）单一型国家价值链参与度平均水平较高的省份主要集中在中西部和东北地区，沿海和京津地区的单一型国家价值链参与度平均水平整体较低。而复合型国家价值链参与度平均水平较高的省份主要集中在沿海和京津地区，中西部地区的复合型国家价值链参与度平均水平整体则较低。（2）自然资源型行业的单一型国家价值链参与度平均水平相对较高，而技术密集型和劳动密集型行业的单一型国家价值链参与度平均水平则相对较低。复合型国家价值链参与度平均水平相对较高的行业以资本密集型行业为主，且多为传统工业行业，而复合型国家价值链参与度平均水平相对较低的行业则主要集中在服务业。（3）绝大多数省份参与单一型国家价值链分工时主要以前向嵌入为主，并且所有省份的单一型国家价值链前向参与度均大于复合型国家价值链前向参与度。绝大多数行业参与单一型国家价值链分工时主要以前向嵌入为主，并且除通信设备计算机及其他电子设备制造业外，其余行业的单一型国家价值链前向参与度均大于复合型国家价值链前向参与度。

第 4 章

基本分析：国家价值链、流通业发展与经济增长

4.1 理论分析

4.1.1 国家价值链影响经济增长的作用机制

区别于全球价值链，国家价值链的构建强调立足于本国市场，伴随着大量中间品的跨区域流动和贸易，形成价值链的主要环节是由国内企业承担的合作生产与贸易网络。具体而言，国家价值链可能通过专业化和资源配置优化、技术溢出、产业关联三个潜在途径影响地区经济增长。

第一，基于专业化和资源配置优化的视角。具体而言，一方面，国家价值链为企业实现外包生产、降低内部资产专用性提供了可能的选择，伴随着国家价值链的发展，不同地区间形成异质化的生产要素聚集与差异化的产业布局，专业化分工程度提高（Grossman and Helpman，2002；Bloom et al.，2016)，从而为地区经济增长带来正向影响。专业化分工程度的提升可能有益于经济增长的主要原因在于，多样化与纵向一体化的经营战略将在一定程度上分散企业在特定专业领域的有关投入，其中可能包括与全要素生产率密切相关的管理费用、研发投资等。因此，相较于涉及过多生产经营领域的企业，专业化分工程度提升能够实现企业在特定专业领域投资的增加，丰富企

业间系统化技术学习的机会与可利用知识量，从而有益于全要素生产率的提升，反映在地区宏观层面即可能表现出对经济增长的积极影响。此外，相较于多样化或纵向一体化类型的企业，专业化分工程度较高的企业资产专用性程度通常有所降低。企业内部资产专用性程度的降低，将增强企业应对创新管理模式与生产方式时的灵活程度，降低在转型时可能遭遇的损失。

另一方面，国家价值链的各生产阶段通常对应不同的有效生产经营规模，当未实现有效生产经营规模时，将带来产能的闲置或浪费。而国家价值链的构建通过实现生产阶段的分散化与中间品贸易，将有益于增强各生产阶段与其有效生产经营规模之间的匹配程度，提升各经济主体内部的产能利用率与资源配置效率，降低管理成本，进而为经济增长带来积极影响。与此同时，价值链上各生产阶段的经营管理模式通常存在较大差异，因此，当不同生产阶段集中在单一企业内部，并且使用统一的经营管理模式进行管理时，就可能由于经营管理模式与相关生产阶段不相匹配而造成效率的损失。而通过参与国家价值链，能够降低企业经营跨度，提升各生产阶段与经营管理模式的匹配程度，为企业乃至地区经济增长目标带来正向影响。

第二，基于技术溢出的视角。中间品贸易是价值链分工的重要内容，依托更多种类与更高质量的中间品跨区域流通贸易与使用，将有益于企业以较低成本掌握先进技术，提升总体全要素生产率，进而助益经济增长。更为重要的是，技术作为一种具有显著非竞争性与外部性特征的主体，国家价值链的不断深化将推动中间品使用范围与数量的持续扩大，从而使物化在中间品中的技术进一步得到扩散，最终引致规模报酬递增以及更快的全要素生产率改进，实现对地区经济增长的长期正向作用。与此同时，在发达地区与欠发达地区的分工合作与贸易往来中，为保障价值链的紧密衔接和顺利进行，发达地区通常会通过专家指导、员工培训、技术咨询等方式对欠发达地区进行帮助，提升欠发达地区的管理与生产技术水平（Ivarsson and Alvstam, 2010），从而助益总体经济增长水平的提升。

第三，基于产业关联的视角。国家价值链的生产分工和贸易往来的核心环节主要集中在本国市场。在市场机制的调节作用下，合理的国家价值链构建所涉及的各生产阶段的空间布局和贸易往来合作对象将由各地区的比较优势决定。通过不同生产阶段的分散化，以及跨地区的中间品贸易流动，在此基础上形成的地区间"因地制宜"的产业互动关联，将有益于地区经济增长。

具体而言，发达地区通常占据研发、流通等价值链分工高位环节，而欠发达地区则拥有庞大的市场规模、丰富的自然资源、低廉的劳动要素等。伴随着国内市场的生产分工深化与地区间贸易往来程度的加深，发达地区可能通过直接投资、兼并收购等方式，将成本敏感型的生产环节在国内市场进行跨地区转移，在不同地区之间以价值链为纽带加深产业关联，进而促进各地区经济整体水平的增长。与此同时，在产业关联关系的作用下，要实现价值链上各生产分工环节稳定高效的生产经营，需要进一步增强上下游间的沟通、协作，甚至通过提供相应的技术支持与管理赋能，使各地区间的关联企业更为快速地融入价值链分工体系中，从而可能促进全要素生产率提升并助益地区经济增长。此外，伴随着国家价值链的深入发展，各生产阶段竞争程度加剧，这通常意味着企业在构建上下游关系时将面临更多选择，因此，企业为获得更高的市场份额，需要增强企业竞争力、提升产品质量与生产效率，从而可能在长期内为地区经济增长带来积极影响。

然而，参与国家价值链能否有益于地区经济增长在一定程度上受地区内企业平均能力的影响。若地区内企业平均竞争承受能力与技术吸收能力较差，不仅难以承接国家价值链对地区经济增长的激励效应，甚至可能通过研发投入替代、"软条件"匹配不足、依赖效应的渠道产生挤出效应。

具体而言，首先，基于研发投入替代的视角。在参与国家价值链后，企业为适应上下游厂商的生产与消费需求，通常需要投入更多资金用于相关技术引进，从而可能减少企业自主研发投入，引致外部技术引进与企业自主研发投入之间的替代效应。此外，由于企业能够通过外部技术引进的方式获得生产所需技术，将降低企业通过自主研发实现效率提升的内在激励。长此以往，将降低企业自主研发能力，对全要素生产率带来不利影响，进而反映在宏观地区层面则为长期增长潜在动力的不足，为地区经济增长带来负面影响。其次，基于"软条件"匹配不足的视角。与中间产品不同，管理、思想、制度等"软条件"较难伴随着价值链的参与实现直接贸易与使用，而吸收能力较差的企业在参与国家价值链时，更可能面临生产技术"硬条件"与管理制度"软条件"发展不协调的问题，导致生产技术与管理制度的脱节，造成生产环节的效率损失，从而使得企业平均能力较低的地区较难通过国家价值链参与实现经济增长目标。最后，基于依赖效应的视角。占据国家价值链主导地位的企业通常掌握着产品信息、渠道联通等核心资源，这些核心资源往往难以被简单转移与复制。而非主导企业通常由于缺乏完整的需求获取、生产研发、销售配送体系，选择依附于主导企业所"主宰"的价值链分工体系下。因此，以非主导企业为主的地区可能难以通过国家价值链参与实现创新突破与经济增长目标。

4.1.2　不同价值链构建类型的异质性影响

既有研究已经认识到不同类型的国家价值链将可能对经济发展带来异质性影响（黎峰，2018），在考虑开放经济条件的基础上，本书认为，有必要进一步区分国家价值链的不同构建类型展开分析，包括反映国内国际市场联动发展的"复合型"类型，即在以国内市场为主导的前提下，积极利用全球化资源禀赋构建的国家价值链，以及价值链生产分工各环节均布局国内市场的"单一型"类型。不同构建类型的国家价值链在专业化和资源配置优化、技术溢出、产业关联等方面可能存在异质性表现，进而对地区经济增长产生不同影响。

针对单一型国家价值链与经济增长。由于从原材料投入、生产过程到最终消费的价值链全部环节完全根植于国内市场，单一型国家价值链参与主体多为成本依赖型中小企业，缺乏市场主导力量，可能难以出现有益于技术升级的产业集聚。此外，单一型国家价值链相对独立于国际市场，可以看作限于国内市场的一种封闭的内在循环体系，由于价值链上各环节分工地位与贸易利得的不同，从而可能在国内市场形成以发达地区为主占据价值分配高位的格局，不利于地区间经济发展差距缩小与总体经济增长水平的提升。

针对复合型国家价值链与经济增长。复合型国家价值链是以利用国际市场的禀赋优势服务本国需求为特征的价值链分工体系，国内参与主体与国际市场存在广泛联系并占据主导地位。不同于单一型国家价值链，复合型国家价值链的生产、贸易、消费等环节并不完全限于国内市场，其强调的是国内市场与国际市场的分工协作与联动发展，因此，可能有益于化解单一型国家价值链所面临的由于参与企业能力较低而出现的低水平产业集聚的潜在风险，并更可能享受来自世界市场先进技术的溢出，从而发挥对地区经济增长的积极作用。

4.1.3　不同价值链参与类型的异质性影响

与全球价值链类似，国家价值链代表将特定产品生产过程的不同阶段通过空间分散化布局所形成的国内区域间分工合作链条，并且国家价值链的参与类型同样可以被区分为前向参与和后向参与两种。

国家价值链的不同参与类型实际上对应着不同的生产环节。具体而言，价值链前向参与表示以中间品生产者的身份参与价值链，相较于最终品生产，中间品生产位于上游，具有更高的技术水平和附加值率。而价值链后向参与表示以中间品消费者的身份参与价值链。因此，国家价值链前向参与水平提升意味着地区主要通过为其他国内地区或国外市场提供中间品以支持其生产活动的方式嵌入国家价值链，更多对应价值链的上游环节，承担关键零部件供应等任务；而国家价值链后向参与水平的提升则意味着地区主要依靠对国内其他地区或国外市场流入的中间品再生产后的国内流出方式参与国家价值链，更多对应价值链的下游环节，主要从事加工组装等任务（Wang et al.，2013）。国家价值链参与类型的不同可能造成各地区位置权力的差异，进而对地区经济增长带来异质性影响（Mahutga，2012）。

具体而言，一方面，已有研究指出，在中国经济转型过程中出现了以上游市场垄断、下游市场竞争为特征的非对称市场结构，在掌握关键资源的上游要素市场，中国存在显著的地方保护主义和市场分割现象（Bai et al.，2004；Guariglia and Poncet，2008），这一现象可能导致在中国以国家价值链前向参与为主的地区和行业存在明显的区域分割和行业垄断特征，并表现出相较于以国家价值链后向参与为主的地区和行业的更高的位置权力。主要表现为，以国家价值链前向参与为主的地区和行业，可能通过间接提升技术外溢的成本，减缓知识、技术、资本等资源在地区和行业外的扩散和流通，从而封锁或抑制了以国家价值链后向参与为主的地区和行业的技术创新路径，削弱了其发展自主性，使后者对前者产生较高的技术依赖。

另一方面，以国家价值链前向参与为主的地区和行业通常具有更为广泛和深入的贸易关联，更可能通过国家价值链参与接触不同的贸易伙伴，从而实现贸易产品结构的优化（Gnyawali and Madhavan，2001）。此外，国家价值链前向参与程度的加深在一定程度上意味着地区和行业对于贸易网络中的特定经济主体的依赖程度减轻，这将有益于实现贸易多元化发展，提升分工贸易的稳定性，抵御贸易风险（Adams and Behrman，1982）。

综上所述，国家价值链前向参与程度的提升能够增强地区和行业的位置权力，从而有益于减轻技术依赖，优化贸易网络结构，这都可能促使以国家价值链前向参与为主的地区通过国家价值链参与实现经济增长目标。反之，以国家价值链后向参与为主的地区则可能受到国家价值链对经济增长的负面影响。

4.1.4　流通业对国家价值链经济增长效应的影响

事实上，如果说国家价值链是地区间产品内生产分工不断细化的结果，那么伴随着国家价值链的发展，中间品生产活动以及跨地区的中间品贸易往来将日益频繁，这类以交换为目的的中间品也就自然地被赋予了商品属性，并成为流通活动的对象（张昊，2019）。因此，流通业在国家价值链运行过程中所承担的基础性作用不言而喻。具体而言，在现实经济社会中，国家价值链的形成与作用发挥要依托国内市场展开，而流通业作为国内市场运行的基石，将影响商品、要素、资源在国内市场的自由流动水平。地区间自由贸易是实现国家价值链构建深化的重要条件，因而流通业发展水平的提升对于深化国家价值链经济增长效应显现的潜在影响不容忽视，通常表现为信息能否在地区市场间充分共享，以及商品、要素、资源能否在地区市场间自由、高效流通。

当国内市场自由流通水平较低时，不仅会造成不经济现象的出现与效率损失，并且可能由于替代效应与外部交易成本增加，阻碍国家价值链分工与贸易往来的推进，进而抑制国家价值链对地区经济增长"激励"作用的发挥。具体而言，当国内市场出现要素无法自由流动的情形时，区域市场中可能存在着重复建设、市场范围缩小、分工滞后、资源配置扭曲等问题，使得区域间无法实现资源的最优配置与规模经济，由此造成资源配置效率低下等不经济现象，阻碍国家价值链对地区经济增长积极作用的发挥。与此同时，伴随着全球分工与贸易活动的深化，考虑到国内市场自由流通水平较低所带来的贸易摩擦成本，企业可能更加倾向于以全球价值链参与替代国家价值链参与，从而降低了国家价值链分工的规模经济水平，阻碍其发挥对地区经济增长的"激励"作用。此外，当国内市场自由流通水平较低时，参与国家价值链分工的外部交易费用显著上升。更高的外部交易费用将影响潜在的生产分工与贸易往来市场范围，限制专业化分工程度的提升，并最终阻碍国家价值链深化，从而进一步抑制国家价值链的经济增长效应的显现。

与此同时，在构建以"国内大循环为主体、国内国际双循环相互促进的新发展格局"的发展阶段，流通业的重要地位日益凸显①。如果将经济循环拆分为生产、分配、交换、消费等过程，流通业不仅扮演着促进要素流动、连接生产与消费桥梁的角色，并且伴随着流通业的现代化转型，流通业还可能通过"赋能"生产和消费环节、加速国内经济循环，发挥贯通供给侧与需求侧的先导性功能，从而促进国家价值链的经济增长效应更快"显现"。事实上，近年来，伴随着信息通信技术的高速发展，流通业在科学技术、商业模式、商业业态等方面创新转型发展的成果丰硕，一定程度上也为加快国民经济循环体系建设，推动国家价值链经济增长效应释放提供了更好助力。

---

① 2020年，中央财经委员第八次会议专门针对畅通国民循环和现代流通体系建设问题展开研究。会议指出，"建设现代流通体系对构建新发展格局具有重要意义。在社会再生产过程中，流通效率和生产效率同等重要，是提高国民经济总体运行效率的重要方面。高效流通体系能够在更大范围把生产和消费联系起来，扩大交易范围，推动分工深化，提高生产效率，促进财富创造。国内循环和国际循环都离不开高效的现代流通体系"。

　　具体而言，在科学技术方面，流通企业通过信息化管理系统运用，提升资源集约化水平，促进价值链条上下游企业的生产效率提升，从而可能有益于价值链经济增长效应的显现。例如，京东通过搭建慧眼大数据系统，运用平台收集的海量数据，设计预测数量与预先备货的管理机制，不仅使得仓储成本得以削减，而且也为上游生产商提供了更为准确的生产指导信息，提升了全链条的运行效率；汇通达针对农村地区的"夫妻店"展开数字化改造升级，通过对传统经销商、代理商的整合改造，扁平化商品流通的中间环节，有效解决了商品流通的"最后一公里"问题，实现了零散资源整合与效率提升。

　　在商业模式方面，流通企业通过与上下游企业在多领域强化合作经营，共享商业资源，更好地实现规模效应的发挥与协同发展，从而促进国家价值链经济增长效应的显现。例如，大商集团通过收购多地的生产基地，重组各地的商业资源，辅以先进的运营管理模式，实现了实体商业网络的高效互联互通。此外，通过供应链一体化模式运用，推进流通环节的"去代理化"，既实现了成本降低与生产端资源集约化，也能指导生产端改进，提高产品质量。例如，京东京造与上游厂家合作生产，集约了上游生产端的资源，并且通过反向指导产品开发提升了产品性价比。

　　在商业业态方面，流通企业通过创新性的体验式互动型业态、高端消费业态、商超模块业态的打造，为国家价值链运转创造了新空间。具体而言，通过推动以零售业为主与其他相关产业的互动融合，满足消费端的需求，助力盘活消费端资源，提升内循环潜能。例如，天津大悦城通过打造骑鹅工坊的社交文创区域，引入特色鲜明、互动性强的商户品牌，吸引了大量消费者。与此同时，通过多业态组合，增强对消费端的聚集力。例如，永辉云创打造的"超级物种"，旨在融合优质生鲜餐饮与零售，提供全新的体验式商业业态，为消费端提供了更为丰富的内涵与潜能。

　　综上所述，一方面，流通业作为国内市场体系运行的基石，其发展水平将深刻影响着国内市场的运行效率，是影响国家价值链畅通循环与高效运行的重要因素。另一方面，流通业还可能伴随着现代化转型升级进一步"赋能"生产和消费环节，从促进经济循环的角度"激励"国家价值链经济增长效应的显现。因此，流通业发展水平的提升可能促进国家价值链经济增长效应的进一步显现。

4.2 模型构建与变量测度

4.2.1 模型构建

本书的主要研究问题是，国家价值链对于地区经济增长的作用如何？区分价值链构建类型（即单一型与复合型）与价值链参与类型（即前向参与和后向参与）的国家价值链对于地区经济增长的影响是否存在异质性？在此基础上，进一步引入流通业发展的考量，流通业发展将为国家价值链的经济增长效应带来怎样影响？

为回答上述问题，本书拟设定如下模型进行实证检验：

$$\text{GDP}_{i,r,t} = \beta_0 + \beta_1 \text{NVC1}_{i,r,t} + \beta_2 \text{NVC2}_{i,r,t} + \gamma_n \text{controls}_{i,r,t} + D_i + D_r + D_t + \varepsilon_{i,r,t}$$
$$(4-1)$$

$$\text{GDP}_{i,r,t} = \alpha_0 + \alpha_1 \text{NVC1U}_{i,r,t} + \alpha_2 \text{NVC1D}_{i,r,t} + \alpha_3 \text{NVC2U}_{i,r,t} + \alpha_4 \text{NVC2D}_{i,r,t}$$
$$+ \gamma_n \text{controls}_{i,r,t} + D_i + D_r + D_t + \varepsilon_{i,r,t} \qquad (4-2)$$

$$\text{GDP}_{i,r,t} = \beta_0 + \beta_1 \text{NVC1}_{i,r,t} + \beta_2 \text{NVC2}_{i,r,t} + \beta_3 \text{Distri}_{i,r,t} + \beta_4 \text{Distri}_{i,r,t} \times \text{NVC1}_{i,r,t}$$
$$+ \beta_5 \text{Distri}_{i,r,t} \times \text{NVC2}_{i,r,t} + \gamma_n \text{controls}_{i,r,t} + D_i + D_r + D_t + \varepsilon_{i,r,t} \quad (4-3)$$

$$\text{GDP}_{i,r,t} = \alpha_0 + \alpha_1 \text{NVC1U}_{i,r,t} + \alpha_2 \text{NVC1D}_{i,r,t} + \alpha_3 \text{NVC2U}_{i,r,t} + \alpha_4 \text{NVC2D}_{i,r,t}$$
$$+ \alpha_5 \text{Distri}_{i,r,t} + \alpha_6 \text{Distri}_{i,r,t} \times \text{NVC1U}_{i,r,t} + \alpha_7 \text{Distri}_{i,r,t} \times \text{NVC1D}_{i,r,t}$$
$$+ \alpha_8 \text{Distri}_{i,r,t} \times \text{NVC2U}_{i,r,t} + \alpha_9 \text{Distri}_{i,r,t} \times \text{NVC2D}_{i,r,t}$$
$$+ \gamma_n \text{controls}_{i,r,t} + D_i + D_r + D_t + \varepsilon_{i,r,t} \qquad (4-4)$$

具体而言，模型（4-1）针对单一型与复合型国家价值链的整体参与度对于经济增长的影响进行检验，而模型（4-2）进一步将单一型与复合型国家价值链按照价值链参与类型区分为单一型国家价值链的前向参与和后向参与，以及复合型国家价值链的前向参与和后向参与，并检验其对于经济增长的影响。

模型中各变量的含义为：GDP 代表被解释变量地区的经济增长；NVC1、NVC2 分别代表解释变量单一型与复合型的国家价值链整体参与度；NVC1U、NVC1D、NVC2U、NVC2D 分别代表解释变量单一型国家价值链的前向参与度和后向参与度、复合型国家价值链的前向参与度和后向参与度；controls 代表一系列可能影响地区经济增长的控制变量；D_i、D_r 和 D_t 分别代表地区固定效应、行业固定效应、年份固定效应；$\varepsilon_{i,r,t}$ 代表随机扰动项；下标 i、r 和 t 分别代表地区、行业和年份。

若估计系数 β_1 和 β_2 的符号不同，则表示单一型与复合型的国家价值链对地区经济增长具有不同影响，若符号为正，说明国家价值链有益于地区经济增长，反之，则将对地区经济增长带来不利影响。若估计系数 α_1 和 α_2（或 α_3 和 α_4）的符号不同，则表示不同价值链参与类型对于地区经济增长将产生不同影响，若符号为正，则将对地区经济增长产生有益影响，反之，则将对地区经济增长产生不利影响。

模型（4-3）在模型（4-1）的基础上，加入了反映地区流通业发展水平的变量 Distri，及其与单一型和复合型国家价值链的交互项，检验单一型和复合型国家价值链与流通业发展互动关系下对地区经济增长的作用。模型（4-4）则是在模型（4-2）的基础上，加入了反映地区流通业发展水平的变量 Distri，及其与区分价值链参与类型的单一型和复合型国家价值链的交互项，检验区分前向参与和后向参与的单一型和复合型国家价值链与流通业发展互动关系下对地区经济增长的作用。模型（4-3）、模型（4-4）的其余变量设定与模型（4-1）、模型（4-2）一致。

若估计系数 β_3 和 α_5 的符号为正，则表示流通业发展将有益于地区经济增长。若估计系数 β_4 和 β_5 的符号不同，则表示流通业发展对于单一型与复合型的国家价值链经济增长效应的影响不同；若符号为正，说明流通业发展有益于国家价值链发挥推动地区经济增长的作用，反之则表示流通业未显现出对于国家价值链经济增长效应发挥的积极作用。若估计系数 α_6 和 α_7（或 α_8 和 α_9）的符号不同，则表示流通业发展对于不同价值链参与类型的国家价值链经济增长效应的发挥将产生不同影响；若符号为正，则表示流通业发展将对国家价值链经济增长效应发挥产生有益影响，反之则将带来不利影响。

4.2.2 变量测度与数据来源

4.2.2.1 解释变量：国家价值链参与度

具体而言，本书将各地区分行业的单一型和复合型国家价值链的整体参与度分别定义为：

$$NVC1_{i,r,t} = NVC1U_{i,r,t} + NVC1D_{i,r,t} \qquad (4-5)$$

$$NVC2_{i,r,t} = NVC2U_{i,r,t} + NVC2D_{i,r,t} \qquad (4-6)$$

其中，$NVC1_{i,r,t}$（$NVC2_{i,r,t}$）是第 t 年地区 i 行业 r 的单一型（复合型）国家价值链参与度；$NVC1U_{i,r,t}$（$NVC2U_{i,r,t}$）是第 t 年地区 i 行业 r 的单一型（复合型）国家价值链前向参与度，代表第 t 年地区 i 行业 r 作为中间产品生产者参与单一型（复合型）国家价值链的程度；$NVC1D_{i,r,t}$（$NVC2D_{i,r,t}$）是第 t 年地区 i 行业 r 的单一型（复合型）国家价值链后向参与度，代表第 t 年地区 i 行业 r 作为中间产品承接者参与单一型（复合型）国家价值链的程度。

借鉴王等（2013）、樊茂清和黄薇（2014）、盛斌等（2020）的做法，并结合本书绪论部分针对国家价值链的定义，本书将在复杂价值链模式下测度价值链参与度水平。具体而言，本书采用地区—行业的增加值作为中间产品国内流出后，再次流入国内其他地区（国外），占该地区—行业总流出的比重作为该地区—行业的单一型（复合型）国家价值链前向参与度，具体的分解方法在第 3 章中已进行了详细说明。基于第 3 章构建的增加值分解框架，本书定义地区 i 行业 r 的单一型国家价值链前向参与度（$NVC1U_{i,r}$）和复合型国家价值链前向参与度（$NVC2U_{i,r}$）的计算公式为：

$$NVC1U_{i,r} = \frac{以中间产品形式国内流出并经过国内其他地区加工后再次国内流出（至少跨越两次省际边界）}{总流出}$$

$$= \left\{ \begin{array}{l} {}_{3}\sum\limits_{j \neq i}^{N} \left[(V^i B^{ii})^T \# \left(A^{ij} \sum\limits_{k \neq i, k \neq j}^{N} L^{jk} F^{kk} \right) \right] \\ +{}_{4}\sum\limits_{j \neq i}^{N} \left[(V^i B^{ii})^T \# \left(A^{ij} L^{jj} \sum\limits_{k \neq i, k \neq j}^{N} F^{jk} \right) \right] \\ +{}_{5}\sum\limits_{j \neq i}^{N} \left[(V^i B^{ii})^T \# \left(A^{ij} \sum\limits_{k \neq i, k \neq j}^{N} L^{jk} \sum\limits_{u \neq i, u \neq k}^{N} F^{ku} \right) \right] \end{array} \right\} \cdot /Z^{i*}$$

$$\underbrace{}_{\text{第 r 行, 第 1 列}}$$

$$(4-7)$$

$$NVC2U_{i,r} = \cfrac{\begin{array}{c}\text{以中间产品形式国内流出并经过国内其他地区加工后} \\ \text{再次出口（至少跨越一次省际边界与国境）}\end{array}}{\text{总流出}}$$

$$= \left\{ \begin{array}{l} {}_{11}\sum\limits_{j \neq i}^{N} \left[(V^i B^{ii})^T \# (A^{ij} L^{jj} E^j) \right] \\ +{}_{13}\sum\limits_{j \neq i}^{N} \left[(V^i B^{ii})^T \# \left(A^{ij} \sum\limits_{k \neq i}^{N} L^{jk} E^k \right) \right] \end{array} \right\} \cdot /Z^{i*} \quad (4-8)$$

$$\underbrace{}_{\text{第 r 行, 第 1 列}}$$

其中，第 3 项、第 4 项、第 5 项均表示在复杂价值链模式下，本地区以中间产品形式流出并被国内其他地区吸收的本地区增加值。第 11 项、第 13 项均表示在复杂价值链模式下，本地区以中间产品形式流出并被国外吸收的本地区增加值。Z^{i*} 表示地区 i 的总流出，即地区 i 以中间产品和最终产品形式向国内其他地区和国外的流出之和。

$$Z^{i*} = \sum\limits_{j \neq i}^{N} (A^{ij} X^j + F^{ij}) + E^i \quad (4-9)$$

本书采用地区—行业的国内流出中来自国内其他地区（国外）的中间投入增加值，占该地区—行业总流出的比重作为该地区—行业的单一型（复合型）国家价值链后向参与度，同样基于第 3 章构建的增加值分解框架，本书定义地区 i 行业 r 的单一型国家价值链后向参与度（$NVC1D_{i,r}$）和复合型国家价值链后向参与度（$NVC2D_{i,r}$）的计算公式为：

$$NVC1D_{i,r} = \cfrac{\begin{array}{c}\text{国内流出中包含的国内其他地区增加值} \\ \text{（至少跨越两次省际边界）}\end{array}}{\text{总流出}}$$

$$= \left\{ \begin{array}{l} {}_{14}\sum_{j\neq i}^{N}\left[\left(V^j L^{ji}\right)^T \# F^{ij}\right] \\ +{}_{17}\sum_{j\neq i}^{N}\left[\left(\sum_{k\neq i,k\neq j}^{N}V^k L^{ki}\right)^T \# F^{ij}\right] \\ +{}_{15}\sum_{j\neq i}^{N}\left[\left(V^j L^{ji}\right)^T \#\left(A^{ij}B^{jj}F^{jj}\right)\right] \\ +{}_{18}\sum_{j\neq i}^{N}\left[\left(\sum_{k\neq i,k\neq j}^{N}V^k L^{ki}\right)^T \#\left(A^{ij}B^{jj}F^{jj}\right)\right] \end{array} \right\} \cdot /Z^{i*}$$

$$\underbrace{}_{\text{第r行,第1列}}$$

$$(4-10)$$

$$NVC2D_{i,r} = \frac{\begin{array}{c}\text{国内流出中包含的国外增加值}\\ \left(\text{至少跨越一次省际边界与国境}\right)\end{array}}{\text{总流出}}$$

$$= \left\{ \begin{array}{l} {}_{20}\sum_{j\neq i}^{N}\left[\left(M^i L^{ii}\right)^T \# F^{ij}\right] \\ +{}_{21}\sum_{j\neq i}^{N}\left[\left(M^i B^{ii}\right)^T \#\left(A^{ij}L^{jj}F^{jj}\right)\right] \\ +{}_{22}\sum_{j\neq i}^{N}\left[\left(M^i B^{ii}\right)^T \#\left(A^{ij}\sum_{k\neq i,k\neq j}^{N}L^{jk}F^{kk}\right)\right] \\ +{}_{23}\sum_{j\neq i}^{N}\left[\left(M^i B^{ii}\right)^T \#\left(A^{ij}L^{jj}\sum_{k\neq i,k\neq j}^{N}F^{jk}\right)\right] \\ +{}_{24}\sum_{j\neq i}^{N}\left[\left(M^i B^{ii}\right)^T \#\left(A^{ij}\sum_{k\neq i,k\neq j}^{N}L^{jk}\sum_{u\neq i,u\neq k}^{N}F^{ku}\right)\right] \\ +{}_{25}\sum_{j\neq i}^{N}\left[\left(M^i B^{ii}\right)^T \#\left(A^{ij}L^{jj}F^{ji}\right)\right] \\ +{}_{26}\sum_{j\neq i}^{N}\left[\left(M^i B^{ii}\right)^T \#\left(A^{ij}\sum_{k\neq i,k\neq j}^{N}L^{jk}F^{ki}\right)\right] \\ +{}_{27}\sum_{j\neq i}^{N}\left[\left(M^i B^{ii}\right)^T \#\left(A^{ij}L^{ji}F^{ii}\right)\right]+{}_{33}\sum_{j\neq i}^{N}\left[\left(M^j L^{ji}\right)^T \# F^{ij}\right] \\ +{}_{34}\sum_{j\neq i}^{N}\left[\left(M^j L^{ji}\right)^T \#\left(A^{ij}B^{jj}F^{jj}\right)\right] \\ +{}_{36}\sum_{j\neq i}^{N}\left[\left(\sum_{k\neq i,k\neq j}^{N}M^k L^{ki}\right)^T \# F^{ij}\right] \\ +{}_{37}\sum_{j\neq i}^{N}\left[\left(\sum_{k\neq i,k\neq j}^{N}M^k L^{ki}\right)^T \#\left(A^{ij}B^{jj}F^{jj}\right)\right] \end{array} \right\} \cdot /Z^{i*}$$

$$\underbrace{}_{\text{第r行,第1列}}$$

$$(4-11)$$

其中，第 14 项、第 17 项均表示本地区以最终产品形式国内流出中所包含的国内其他地区的增加值，第 15 项、第 18 项表示本地区以中间产品形式国内流出中所包含的国内其他地区的增加值。第 20 项、第 21 项、第 22 项、第 23 项、第 24 项、第 25 项、第 26 项、第 27 项均表示由本地区直接进口并包含在由本地区流出到国内其他地区中的国外增加值，第 33 项、第 34 项、第 36 项、第 37 项均表示由国内其他地区直接进口并包含在由本地区流出到国内其他地区中的国外增加值。

本书对存在一定间隔的 4 个年份：2007 年、2010 年、2012 年、2015 年的中国（除港澳台地区、西藏自治区）的 30 个省份 16 个细分制造行业的国家价值链参与度（包括整体参与度、前向参与度、后向参与度）进行了测度。

4.2.2.2　解释变量：流通业发展水平

前面的理论机制部分探讨了流通业发展水平对于国家价值链经济增长效应发挥的影响，而在进行实证检验前一个自然浮现的问题就是，应当如何更为全面地评价地区流通业发展水平。本书主要参考由中国国际电子商务中心与中国社会科学院财经战略研究院联合编著的《中国城市流通竞争力报告（2018~2019 年）》中的"城市流通竞争力综合评价体系"的指标选取与度量思路，围绕发展规模、发展结构、发展效率、发展设施四个维度对地区流通业发展水平进行综合评价，并围绕上述四个维度选取了细分的 14 个二级指标进行测度。

第一，流通业发展规模。流通业发展规模旨在从流通业投入和产出规模的角度出发，选取客观上存在联系的、能够反映流通业发展现状的若干指标，比较各地区流通业的资源、价值和效益创造的水平，是反映流通业发展现状的重要组成部分。具体而言，围绕流通业发展规模，本书所选取的指标包括人均社会消费品零售总额、人均流通业年末固定资产投资总额、亿元以上商品市场成交额。

第二，流通业发展结构。无论是对国内生产总值的直接贡献，还是发挥劳动力吸纳和产业结构优化的作用，流通业作为国民经济的基础性产业都具有重要影响。流通业发展结构即在这一现实背景下测度、评价流通业在国民经济中发挥的作用与相对贡献。具体而言，围绕流通业发展结构，本书所选取的指标包括流通业从业人员比重、流通业增加值占国内生产总值比重、流通业增加值占第三产业增加值比重。

第三，流通业发展效率。除了聚焦流通业本身的行业发展规模及其在总体国民经济中的地位作用，流通业能否发挥促进国内经济循环、优化资源配置、提高经济运行质量的基础性和支撑性作用的关键在于流通业的效率水平是否足够高。因此，围绕流通业发展效率，本书所选取的指标包括批发和零售业成本利润率、批发和零售业库存率、批发和零售业周转率。

第四，流通业发展设施。在国务院办公厅 2013 年印发的《深化流通体制改革加快流通业发展重点工作部门分工方案》中明确强调了应"加强现代流通体系建设"，事实上，物流、交通枢纽、商品交易市场等流通业相关设施是流通业作用得以发挥的基础与前提。因此，围绕流通业发展设施，本书所选取的指标包括流通法人企业数、亿元以上商品交易市场数、平均铁路货运距离、路网密度、公路质量。表 4-1 展示了流通业发展水平指标的评价维度以及对应二级指标的度量方法和数据来源。

表 4-1　　　　　　　　　　流通业发展水平综合指标体系

一级指标	二级指标	指标含义	数据来源
流通业 发展规模	人均社会消费品零售总额	社会消费品零售总额/人口总数	《中国统计年鉴》
	人均流通业年末固定资产投资总额	流通业年末固定资产投资总额/人口总数	《中国统计年鉴》
	亿元以上商品市场成交额	亿元以上商品市场成交额	《中国统计年鉴》
流通业 发展结构	流通业从业人员比重	流通业从业人员/全社会从业人员	《中国统计年鉴》
	流通业增加值占国内生产总值比重	流通业增加值/国内生产总值	《中国统计年鉴》
	流通业增加值占第三产业增加值比重	流通业增加值/第三产业增加值	《中国统计年鉴》

一级指标	二级指标	指标含义	数据来源
流通业发展效率	批发和零售业成本利润率	批发零售业利润总额/流通成本费用支出	《中国统计年鉴》
	批发和零售业库存率	批发零售业库存总额/批发零售业销售总额	《中国统计年鉴》
	批发和零售业周转率	批发零售业营业收入/存货平均余额	《中国统计年鉴》
流通业发展设施	流通法人企业数	流通法人企业数	《中国统计年鉴》
	亿元以上商品交易市场数	亿元以上商品交易市场数	《中国统计年鉴》
	平均铁路货运距离	平均铁路货运距离	《中国统计年鉴》
	路网密度	公路里程/面积	《中国统计年鉴》
	公路质量	等级公路占比	《中国统计年鉴》

资料来源：作者整理。

在此基础上，本书通过熵值法进行赋权计算，以得到对应年份分省份流通业发展综合水平。熵值法的计算思路如下：

第一步，指标标准化处理。

由于上述各指标在量纲方面存在差异，为消除其对评价结果的影响，首先应对指标进行标准化处理。指标标准化处理公式为：

$$X_i' = \frac{X_i - X_i^{min}}{X_i^{max} - X_i^{min}} \qquad (4-12)$$

其中，X_i' 代表经标准化处理后的指标 X_i，X_i^{max}、X_i^{min} 分别代表指标 X_i 的最大值与最小值。

第二步，计算标准化指标比重。

计算标准化指标 X_i' 的比重 Y_i：

$$Y_i = \frac{X_i'}{\sum_{j=1}^{m} X_{ij}'} \qquad (4-13)$$

第三步，计算指标信息熵与信息效用值。

其中，指标 X_i 的信息熵计算公式为：

$$e_i = -\frac{1}{\ln m}\sum_{j=1}^{m} Y_{ij}\ln Y_{ij} \qquad (4-14)$$

信息效用值计算公式为：

$$d_i = 1 - e_i \qquad (4-15)$$

第四步，计算指标权重。

熵值法的本质在于通过计算指标的信息效用值来评价指标的重要性，指标的信息效用值越高，其权重相应也就越大。指标 X_i 的权重为：

$$W_i = \frac{d_i}{\sum_{j=1}^{m} d_{ij}} \qquad (4-16)$$

需要说明的是，本书所使用的数据类型为面板数据，为使各年度间的评价指标具有可比性，在分年度计算出各指标权重后，本书进一步进行了平均处理，进而得到各指标分年度统一的权重 $\overline{W_i}$。

第五步，计算地区流通业发展水平综合评价指标。

将指标与对应指标权重相乘求和后可得地区流通业发展水平：

$$Score_t = \sum_{i=1}^{n} \overline{W_i} \times X_i \qquad (4-17)$$

图 4-1 展示了 2007 年、2015 年中国分省份流通业发展水平。可以看出，无论是 2007 年还是 2015 年，东部沿海地区和京津地区流通业发展水平均较高，流通业发展整体水平位列前七位的省份为：上海、北京、浙江、江苏、天津、山东、广东，均属于东部沿海地区和京津地区；而西部地区的流通业发展水平则存在较大的提升空间，与流通业发展高水平地区有着较大的差距。与此同时可以看出，发展规模与发展设施是流通业发展整体水平的主要组成部分。

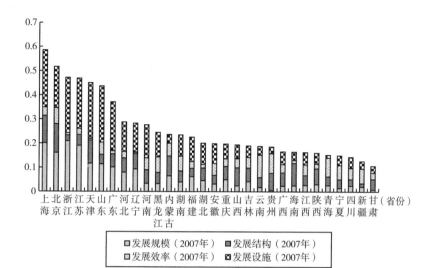

图 4 – 1a　2007 年中国分省份流通业发展水平

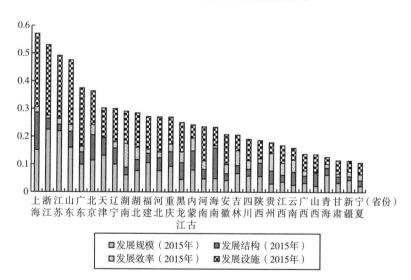

图 4 – 1b　2015 年中国分省份流通业发展水平

图 4 – 1　2007 年、2015 年中国分省份流通业发展水平

资料来源：作者整理。

4.2.2.3　被解释变量

本书的被解释变量是经济增长（GDP），采用分地区—行业实际国内生产总值表示，并使用工业生产者出厂价格指数进行调整。

　　图4-2展示了2007年、2010年、2012年和2015年中国东部、中部、西部地区的经济增长水平，以及东部地区与中部地区、西部地区经济增长水平的绝对差距与相对差距①。可以看出，虽然各地区经济增长水平稳步提升，但东部地区的经济增长平均水平仍远高于中部、西部地区，东部地区与中部、西部地区间经济增长水平仍存在显著差距。进一步结合东部地区与中部地区、西部地区的经济增长水平绝对差距与相对差距可以发现，东部地区与中部地区、西部地区的经济增长水平相对差距逐年降低，具体而言，东部地区经济增长水平从2007年中部地区经济增长水平的7.3倍左右下降到2012年的4.8倍左右，而东部地区经济增长水平从2007年西部地区经济增长水平的2.8倍左右下降到2012年的1.6倍左右。但在绝对差距上，不论是东部

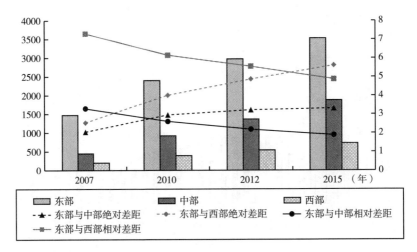

图4-2　2007年、2010年、2012年、2015年中国东部、中部、
西部地区经济增长水平及差距

　　资料来源：作者整理。

①　本书的被解释变量为2007年、2010年、2012年、2015年的30省份16个制造业行业的实际GDP。图4-2即在此基础上，区分东部、中部、西部地区计算各年度的实际GDP的平均水平，并以此表示各地区经济增长水平，绝对差距表示地区间经济增长水平的差值，而相对差距表示地区间经济增长水平的比值。东部地区包括北京、天津、河北、辽宁、上海、江苏、浙江、福建、山东、广东、海南，中部地区包括黑龙江、吉林、山西、安徽、江西、河南、湖南、湖北，西部地区包括内蒙古、广西、重庆、四川、贵州、云南、陕西、甘肃、青海、宁夏、新疆。

地区与中部地区间还是东部地区与西部地区间的经济增长水平的绝对差距，在样本期内均呈现逐年递增的趋势，并且东部地区与西部地区间经济增长水平的绝对差距扩大的幅度相较于东部地区与中部地区间更为明显。

4.2.2.4　控制变量

基于现有研究，本书进一步控制了一系列可能影响地区经济增长的其他因素，包括：（1）人力资本（Hcapital），本书借鉴钞小静和沈坤荣（2014）的做法，使用平均受教育程度度量人力资本水平；（2）科技创新（R&D），考虑到使用科技创新投入水平度量科技创新是现有研究的常见做法（唐未兵等，2014），本书使用研究与试验发展投入占国内生产总值比重表示科技创新；（3）要素流动（Mobility），王红霞（2011）的研究指出，货物周转量在一定程度上能够反映区域间实物资本流动的情况，因此，本书使用各省货物周转量表示各省要素流动强度；（4）金融发展（Finance），借鉴杨友才（2014）的指标构建思路，本书使用贷款余额占国内生产总值比重刻画金融发展水平；（5）政府干预（Govern），考虑到地方财政支出是反映地区财政政策力度与政府参与经济活动水平的重要指标（靳春平，2007），本书采用一般预算支出占国内生产总值比重作为政府干预的代理变量；（6）产业结构（Structure），借鉴徐康宁等（2015）的做法，本书使用第二产业占国内生产总值比重表示产业结构；（7）对外开放（Open），本书使用进出口总额占国内生产总值比重表示；（8）城市化（Urban），本书使用滞后一期地区人口出生率表示。

限于中国地区间非竞争型投入产出表的可得性，本书使用的数据时间段覆盖2007年、2010年、2012年、2015年，包括中国（除港澳台地区、西藏自治区）的30个省份的16个制造业行业[①]，最终样本容量为1920个。

---

① 剔除了港澳台地区和西藏自治区。16 个制造业行业包括：食品制造及烟草加工业、纺织业、纺织服装鞋帽皮革羽绒及其制品业、木材加工及家具制造业、造纸印刷及文教体育用品制造业、石油加工炼焦及核燃料加工业、化学工业、非金属矿物制品业、金属冶炼及压延加工业、金属制品业、通用专用设备制造业、交通运输设备制造业、电气机械及器材制造业、通信设备计算机及其他电子设备制造业、仪器仪表及文化办公用机械制造业、其他制造业。

　　本书所使用的数据来源包括：第一，2007 年、2010 年、2012 年、2015 年中国区域间投入产出表，其中，2007 年、2010 年、2012 年的投入产出数据分别来自刘卫东等（2012、2014、2018）编制的《中国 2007 年 30 省区市区域间投入产出表编制理论与实践》《2010 年中国 30 省区市区域间投入产出表》《2012 年中国 31 省区市区域间投入产出表》，2015 年的投入产出数据来自中国碳排放数据库"China multi-regional input-output table for 2015"。主要用于测度核心解释变量单一型和复合型国家价值链参与度水平。第二，2016 年版本的世界投入产出表，来自世界投入产出数据库（World Input-output Database，WIOD），覆盖中国在内的 43 个国家或地区的 56 个行业（含制造业行业 19 个）。主要用于拆分计算中间投入进口回流增加值。此外，由于该套数据的时间跨度仅为 2000~2014 年，因此，本书使用 2014 年世界投入产出表计算的回流增加值系数矩阵替代 2015 年的计算。此外，对于中国区域间投入产出表与世界投入产出表行业分类不一一对应的问题，本书借鉴苏庆义（2016）的方法进行处理。具体而言，针对中国区域间投入产出表中产业对应世界投入产出表中多于 1 种产业的情况，本书按各产业进口比重进行加权平均以得到回流增加值份额。第三，被解释变量经济增长，核心解释变量流通业发展水平以及一系列相关控制变量测算所需的地区层面经济、人口数据来自相应年份的《中国统计年鉴》《中国价格统计年鉴》《中国工业经济统计年鉴》《中国教育年鉴》以及各省统计公报。其中，经济增长利用《中国工业经济统计年鉴》《中国价格统计年鉴》进行测算，人力资本利用《中国教育年鉴》进行测算，流通业发展水平、科技创新、要素流动、金融发展、政府干预、产业结构、对外开放、城市化利用《中国统计年鉴》以及各省统计公报进行测算。

　　需要说明的是，由于上述各年份的投入产出表行业个数有所区别，2007 年、2010 年所使用的区域间投入产出表均为 30 个行业，2012 年、2015 年所使用的区域间投入产出表则均为 42 个行业，而世界投入产出表包含 56 个行业。此外，国民经济行业分类标准在 2011 年也有所调整。因此，本书在进行指标测度时，首先对行业进行归并调整，调整后得到了 16 个细分的制造业行业。表 4 - 2 展示了具体的行业匹配对照关系。

表4－2　中国区域间投入产出表、世界投入产出表、国民经济行业分类匹配对照

序号	匹配行业	中国区域间投入产出表	世界投入产出表	国民经济行业分类
1	食品制造及烟草加工业	2007 年、2010 年：食品制造及烟草加工业	食品饮料烟草及加工业	2002 年：农副食品加工业；食品制造业；饮料制造业；烟草制造业
		2012 年、2015 年：食品和烟草		2011 年：农副食品加工业；食品制造业；烟草制品业
2	纺织业	2007 年、2010 年：纺织业	纺织及制品业	2002 年：纺织业
		2012 年、2015 年：纺织品		2011 年：纺织业
3	纺织服装鞋帽皮革羽绒及其制品业	2007 年、2010 年：纺织服装鞋帽皮革羽绒及其制品业	皮革毛皮及制鞋业	2002 年：纺织服装、鞋、帽制造业；皮革、毛衣、羽毛（绒）及其制造业
		2012 年、2015 年：纺织服装鞋帽皮革羽绒及其制品		2011 年：纺织服装、服饰业；皮革、毛皮、羽毛及其制品和制鞋业
4	木材加工及家具制造业	2007 年、2010 年：木材加工及家具制造业	木材及制品业	2002 年：木材加工及木、竹、藤、棕、草制品业；家具制造业
		2012 年、2015 年：木材加工品和家具		2011 年：木材加工和木、竹、藤、棕、草制品业；家具制造业
5	造纸印刷及文教体育用品制造业	2007 年、2010 年：造纸印刷及文教体育用品制造业	造纸纸制品及印刷业	2002 年：造纸及纸制品业；印刷业和记录媒介的复制；文教体育用品制造业
		2012 年、2015 年：造纸印刷和文教体育用品		2011 年：造纸和纸制品业；印刷和记录媒介复制业；文教、工美、体育和娱乐用品制造业
6	石油加工炼焦及核燃料加工业	2007 年、2010 年：石油加工、炼焦及核燃料加工业	石油加工炼焦及核燃料加工业	2002 年：石油加工、炼焦及核燃料加工业
		2012 年、2015 年：石油、炼焦产品和核燃料加工品		2011 年：石油加工、炼焦和核燃料加工业
7	化学工业	2007 年、2010 年：化学工业	化学原料及制品业、橡胶和塑料制品业	2002 年：化学原料及化学制品制造业；医药制造业；橡胶制品业；塑料制品业
		2012 年、2015 年：化学产品		2011 年：化学原料和化学制品制造业；医药制造业；化学纤维制造业；橡胶和塑料制品业

续表

序号	匹配行业	中国区域间投入产出表	世界投入产出表	国民经济行业分类
8	非金属矿物制品业	2007 年、2010 年：非金属矿物制品业	非金属矿物制品业	2002 年：非金属矿物制品业
		2012 年、2015 年：非金属矿物制品		2011 年：非金属矿物制品业
9	金属冶炼及压延加工业	2007 年、2010 年：金属冶炼及压延加工业	金属压延及制品业	2002 年：黑色金属冶炼及压延加工业；有色金属冶炼及压延加工业
		2012 年、2015 年：金属冶炼和压延加工品		2011 年：黑色金属冶炼和压延加工业；有色金属冶炼及压延加工业
10	金属制品业	2007 年、2010 年：金属制品业	金属压延及制品业	2002 年：金属制品业
		2012 年、2015 年：金属制品		2011 年：金属制品业
11	通用专用设备制造业	2007 年、2010 年：通用专用设备制造业	通用及专用设备制造业	2002 年：通用设备制造业；专用设备制造业
		2012 年、2015 年：通用设备		2011 年：通用设备制造业；专用设备制造业
12	交通运输设备制造业	2007 年、2010 年：交通运输设备	交通运输设备制造业	2002 年：交通运输设备制造业
		2012 年、2015 年：交通运输设备		2011 年：汽车制造业；铁路、船舶、航空航天和其他运输设备制造业
13	电气机械及器材制造业	2007 年、2010 年：电气机械及器材加工业	电子及光学设备制造业	2002 年：电气机械及器材制造业
		2012 年、2015 年：电气机械和器材		2011 年：电气机械和器材制造业
14	通信设备计算机及其他电子设备制造业	2007 年、2010 年：通信设备、计算机及其他电子设备制造业	电子及光学设备制造业	2002 年：通信设备、计算机及其他电子设备制造业
		2012 年、2015 年：通信设备、计算机和其他电子设备		2011 年：计算机、通信和其他电子设备制造业

续表

序号	匹配行业	中国区域间投入产出表	世界投入产出表	国民经济行业分类
15	仪器仪表及文化办公用机械制造业	2007 年、2010 年：仪器仪表及文化办公用机械制造业	电子及光学设备制造业	2002 年：仪器仪表及文化、办公用品机械制造业
		2012 年、2015 年：仪器仪表		2011 年：仪器仪表制造业
16	其他制造业	2007 年、2010 年：其他制造业	资源综合利用	2002 年：工艺品及其他制造业；废弃资源和废旧材料回收加工业
		2012 年、2015 年：其他制造产品、废品废料、金属制品机械和设备修理服务		2011 年：其他制造业；废弃资源综合利用业；金属制品、机械和设备修理业

资料来源：作者整理。

4.3　回归结果

4.3.1　回归结果（一）：国家价值链与经济增长

4.3.1.1　基准回归

表 4-3 汇报了国家价值链参与度对地区经济增长水平的平均影响效果，所有回归中均控制了年份固定效应、地区固定效应和行业固定效应。

第（1）列仅考虑了核心解释变量单一型和复合型国家价值链整体参与度与经济增长的关系，第（2）列则进一步控制了可能影响经济增长的一系列变量。以第（2）列的回归结果为例，可以看出，单一型国家价值链整体参与度的估计系数为负，而复合型国家价值链整体参与度的估计系数为正，说明不同类型的国家价值链对于地区经济增长的影响存在差异，复合型国家价值链有益于经济增长，而单一型国家价值链则表现出对经济增长的抑制作用。但值得注意的是，单一型和复合型国家价值链整体参与度的估计系数均未通过显著性检验，结合前面理论机制分析，这一结果的产生可能正是因为不同的国家价值链参与类型对于经济增长的影响存在差异，由此反映在整体层面上作用效果的不显著。

表 4 - 3　　　　基准回归：国家价值链与经济增长

变量	(1)	(2)	(3)	(4)	(5)	(6)	(7)	(8)
NVC1	6.667 (37.899)	-1.901 (37.466)						
NVC2	9.700 (40.039)	16.811 (38.006)						
NVC1D			-118.789* (62.950)	-147.020** (63.877)			-143.904** (66.736)	-168.804** (68.746)
NVC1U			106.244** (50.506)	106.373** (48.340)			-50.356 (65.540)	-28.272 (62.196)
NVC2D					-12.390 (35.160)	5.944 (33.129)	-58.581 (38.683)	-42.297 (38.904)
NVC2U					308.451*** (102.125)	286.773*** (93.016)	366.945*** (122.994)	323.586*** (109.195)
Hcapital		-28.609 (19.557)		-23.673 (19.224)		-26.774 (19.470)		-24.806 (19.484)
R&D		1.136** (0.468)		1.271*** (0.456)		1.137** (0.473)		1.278*** (0.458)
Mobility		0.875*** (0.183)		0.898*** (0.183)		0.886*** (0.183)		0.904*** (0.183)
Finance		-200.634*** (37.962)		-202.728*** (37.829)		-203.199*** (37.931)		-205.276*** (37.875)

续表

变量	(1)	(2)	(3)	(4)	(5)	(6)	(7)	(8)
Goverm		-157.384 (126.208)		-118.777 (123.573)		-143.968 (126.523)		-87.982 (123.060)
Structure		-521.858*** (172.661)		-579.272*** (172.437)		-502.494*** (171.161)		-551.669*** (170.076)
Open		-196.413** (82.102)		-182.617** (81.724)			-183.139** (81.847)	-169.920** (81.857)
Urban		19.749** (8.003)		20.245** (8.027)		18.849** (7.791)		20.617** (8.059)
常数项	69.704*** (15.660)	421.575*** (148.698)	73.036*** (7.826)	415.456*** (147.112)	51.775*** (15.462)	389.524*** (148.989)	71.025*** (15.778)	390.276*** (147.059)
N	1920	1920	1920	1920	1920	1920	1920	1920
R^2	0.194	0.306	0.197	0.311	0.200	0.311	0.203	0.315
年份固定效应	是	是	是	是	是	是	是	是
地区固定效应	是	是	是	是	是	是	是	是
行业固定效应	是	是	是	是	是	是	是	是

注：(1) * 表示 $p < 10\%$，** 表示 $p < 5\%$，*** 表示 $p < 1\%$；(2) 估计系数下括号内是稳健标准误。
资料来源：作者整理。

基于此，第（3）列、第（4）列和第（5）列、第（6）列分别进一步区分了单一型和复合型国家价值链的前向参与和后向参与，考察其对于经济增长的影响。与第（1）列、第（2）列的回归思路类似，第（3）列、第（5）列均仅考虑国家价值链的影响，而第（4）列、第（6）列则分别在第（3）列、第（5）列的基础上进一步控制了可能影响经济增长的一系列变量。从回归结果中可以看出，无论是单一型还是复合型国家价值链，区分前向参与和后向参与类型对于经济增长的影响均存在异质性。具体而言，单一型国家价值链前向参与表现出对经济增长的显著积极作用，而单一型国家价值链后向参与则表现出对经济增长的显著抑制作用，复合型国家价值链前向参与同样有益于经济增长，而复合型国家价值链后向参与则未对经济增长表现出显著影响。如果同时考虑单一型和复合型国家价值链的前向参与和后向参与对于经济增长的影响，从第（7）列、第（8）列的回归结果中可以看出，仅单一型国家价值链后向参与和复合型国家价值链前向参与的估计系数显著，分别显著为负和显著为正，说明区分价值链构建类型和参与类型的国家价值链存在着对于地区经济增长的异质性影响。要发挥对地区经济增长的正面作用，应当突出以复合型为主的国家价值链构建，并推动复合型国家价值链的前向参与。

在控制变量中，科技创新、要素流动、城市化的估计系数均显著为正，这表明若地区研发投入占比、要素流动规模、城市化率提高，将有益于地区经济增长。金融发展、产业结构、对外开放的估计系数均显著为负，这可能由于不论是金融发展还是产业结构的提升，均反映了经济总量中服务业比重或相对重要性的上升，由于现阶段中国服务业部门效率相较于制造业部门效率仍然存在较大提升空间，从而服务业比重的上升反而可能带来对经济增长整体层面的消极作用。对外开放可能由于增加市场竞争与替代效应，造成了对经济增长的负面影响。而人力资本、政府干预的估计系数均未通过显著性检验。

上述的基准回归结果表明，国家价值链的不同构建类型和参与类型对于地区经济增长存在不同影响，以复合型为主的国家价值链前向参与将有益于地区经济增长。在此基础上，本书将进一步尝试解答，国家价值链影响经济增长的具体作用机制何在？结合前面的理论分析，本书将从资源配置优化、技术溢出、产业关联三个方面进行作用机制验证。

具体而言，机制变量资源配置优化、技术溢出、产业关联的构建思路如下。

（1）针对资源配置优化（Resource）的测度。区位熵指数是反映产业资源集聚程度的重要分析工具。区位熵指数的构建思路在于比较特定地区—产业的份额占比与总体经济中该产业的份额占比，这里的份额占比在现有研究中多使用增加值占比或劳动就业人数占比展开测度。当区位熵指数大于 1时，表示特定地区—产业资源相对集中，具有一定相对优势。鉴于此，本书选择各细分制造行业的区位熵作为资源配置优化的代理变量，并使用增加值占比进行计算。

（2）针对技术溢出（Spillover）的测度。价值链本质是一种产品内分工与贸易活动，伴随着大量的中间品区域间贸易。本书借鉴波特斯伯格和利希滕贝格（Pottelsberghe and Lichtenberg，1998）的双边贸易框架下技术溢出的测算方法，对价值链分工所引致的技术溢出进行测度。具体而言，测算公式如下：

$$\text{Spillover}_{i,r,t} = \sum_{j \neq i} \frac{M_{i,r,j,t}}{Z_{j,t}^{*}} S_{j,t} \qquad (4-18)$$

其中，$M_{i,r,j,t}$ 表示地区 j 对地区 i 行业 r 的中间品流入；$Z_{j,t}^{*}$ 表示地区 j 的总流出；$S_{j,t}$ 表示地区 j 的研究与试验发展资本存量。上述计算公式说明，伴随着地区间中间品贸易下的技术溢出一方面取决于贸易伙伴地区的知识存量，另一方面取决于双边贸易额。

本书借鉴李颖（2019）的研究，采用永续盘存法构建分地区研究与试验发展资本存量。具体的计算思路与说明如下：

$$S_{j,t} = I_{j,t-1} + (1-\delta) S_{j,t-1} \qquad (4-19)$$

其中，δ 表示折旧率，本书借鉴王孟欣（2011）的研究，设定东部、中部、西部区域对应折旧率依次为 18%、15%、12%。$I_{j,t-1}$ 表示上一年度研究和开发费用投入，《中国科技统计年鉴》中可以获得以当年价格计的研究与试验发展内部支出总额（即基础研究、应用研究和实验与发展三者经费总和），本书以研究与试验发展内部支出总额作为研究与试验发展投入的近似估计，并且使用对应地区的国内生产总值缩减价格指数来替代各地区的研究与试验发展支出价格指数进行价格平减。式（4-20）给出了期初研究与试验发展资本存量的计算公式：

$$S_{j,0} = \frac{I_{j,1}}{g_j + \delta_j} \tag{4-20}$$

其中，$S_{j,0}$ 表示地区 j 的初期研究与试验发展资本存量（本书以 1978 年为初期），g_j 表示地区 j 的研究与试验发展投资的年平均增长率，本书使用几何平均法进行测度。

（3）针对产业关联（Linkage）的测度，事实上，虽然中国庞大的国内市场为实现国家价值链构建提供了良好的基础，但不能忽视的是，地区间存在的市场分割问题是阻碍国家价值链构筑的制度性障碍（宋渊洋和黄礼伟，2014）。而产业关联正是强调不同地区间通过优化上下游生产联系，从而实现地区间贸易往来水平与市场整合程度的提升。因此，本书选择市场一体化作为产业关联的代理变量。市场一体化使用价格法计算的市场分割指数的倒数进行计算，由于实际数据难以获得，现有研究使用价格法进行计算时，多采用价格指数进行替代。因此，本书使用八大类产品的居民消费价格指数进行测度，涉及产品包括食品、烟酒及用品、衣着、家庭设备及维修服务、医疗保健和个人用品、交通和通信、娱乐教育文化用品及服务、居住。此外，为便于对实证结果进行解释，本书参照现有研究做法，将测度结果放大10000 倍后用于实证分析。

表4-4 报告了具体的回归结果。其中，第（1）列、第（2）列是针对资源配置优化的检验结果，第（3）列、第（4）列是针对技术溢出的检验结果，第（5）列、第（6）列是针对产业关联的检验结果。第（1）列、第（3）列、第（5）列分别报告了国家价值链对各地区资源配置优化、技术溢出、产业关联的影响。回归结果均显示，单一型国家价值链后向参与的估计系数为负，而复合型国家价值链前向参与的估计系数为正，说明复合型国家价值链前向参与的确有益于地区在资源配置优化、技术溢出、产业关联方面

的提升。第（2）列、第（4）列、第（6）列的回归结果则显示，地区资源配置优化、技术溢出、产业关联的提升将有益于地区经济增长。

表 4 - 4　　　机制检验：国家价值链影响经济增长的潜在作用机制

变量	(1)	(2)	(3)	(4)	(5)	(6)
	资源配置		技术溢出		产业关联	
	Resource	GDP	Spillover	GDP	Linkage	GDP
NVC1D	- 0.071 *	- 162.681 **	- 30.352	- 161.965 **	- 1.146 ***	- 168.804 **
	(0.038)	(67.923)	(43.819)	(68.764)	(0.351)	(68.746)
NVC1U	- 0.043	- 35.209	183.057	- 228.815 ***	0.194	- 28.272
	(0.046)	(61.641)	(112.747)	(70.059)	(0.410)	(62.196)
NVC2D	- 0.021	- 24.574	42.812	- 32.054	- 1.666 ***	- 42.297
	(0.037)	(37.233)	(49.551)	(37.613)	(0.263)	(38.904)
NVC2U	0.274 ***	377.960 ***	872.857 ***	307.061 ***	2.090 ***	323.586 ***
	(0.093)	(108.530)	(111.697)	(103.495)	(0.628)	(109.195)
Resource		106.971 ***				
		(24.956)				
Spillover				0.227 ***		
				(0.077)		
Linkage						11.981 ***
						(4.300)
常数项	2.686 ***	704.517 ***	- 42.647	426.833 ***	- 2.243 ***	390.276 ***
	(0.143)	(173.499)	(101.196)	(150.195)	(0.623)	(147.059)
N	1920	1920	1920	1920	1920	1920
R^2	0.372	0.317	0.510	0.334	0.317	0.315
控制变量	是	是	是	是	是	是
年份固定效应	是	是	是	是	是	是
地区固定效应	是	是	是	是	是	是
行业固定效应	是	是	是	是	是	是

注：（1）* 表示 $p < 10\%$、** 表示 $p < 5\%$、*** 表示 $p < 1\%$；（2）估计系数下括号内是稳健标准误。

资料来源：作者整理。

机制检验的结果表明，资源配置优化、技术溢出与产业关联是国家价值链影响地区经济增长的潜在作用机制，即对于复合型国家价值链前向参与而言，将通过实现地区资源配置优化、技术溢出与产业关联的水平提升，助益地区经济增长。

4.3.1.2 稳健性检验与内生性修正

基准回归结果表明，在控制相关变量，以及年份、地区、行业固定效应的基础上，不同的国家价值链构建类型和参与类型均表现出了对于地区经济增长的异质性影响，以复合型为主的国家价值链前向参与将发挥促进地区经济增长的正向作用。为进一步验证这一回归结果的可信度，本书进行了稳健性检验与内生性修正，表4-5和表4-6报告了具体的稳健性检验与内生性修正结果。

（1）控制潜在遗漏变量。为减轻由于遗漏变量引起的内生性问题带来的估计偏误，本书已在基准回归部分控制了一系列可能影响经济增长的相关变量，以及年份、地区、行业固定效应。为进一步控制可能的潜在遗漏变量，表4-5中的第（1）列首先控制了年份—地区固定效应，以控制地区层面逐年变化的不可观测因素对经济增长的影响，第（2）列在此基础上进一步控制了年份—行业固定效应，以控制行业层面逐年变化的不可观测因素对经济增长的影响，第（3）列则控制了时间趋势，以控制可观测和不可观测的年份影响。从上述的回归结果中可以看出，回归结果估计系数、显著性和基准回归结果高度一致，回归结果十分稳健。

表4-5　稳健性检验与内生性修正：控制潜在遗漏变量和替换估计方法

变量	(1)	(2)	(3)	(4)	(5)
	控制潜在遗漏变量			替换估计方法	
				随机效应	混合 OLS
NVC1D	-182.904 *** (68.585)	-155.257 ** (68.681)	-183.383 *** (68.505)	-173.770 *** (65.068)	-197.481 *** (58.869)
NVC1U	-48.855 (62.369)	-73.232 (59.336)	-47.007 (62.457)	16.446 (60.129)	125.759 (109.592)
NVC2D	-40.260 (38.573)	-24.980 (38.653)	-40.948 (38.569)	-36.869 (42.546)	-7.535 (64.222)

续表

变量	（1）	（2）	（3）	（4）	（5）
	控制潜在遗漏变量			替换估计方法	
				随机效应	混合 OLS
NVC2U	360.812*** （109.968）	427.544*** （109.444）	356.580*** （109.900）	289.929*** （98.807）	217.539*** （69.781）
常数项	−15513.840*** （5187.954）	−2279.887 （6632.729）	−14360.570*** （5029.918）	714.104*** （206.579）	682.572** （265.994）
N	1920	1920	1920	1920	1920
R²	0.322	0.329	0.321	0.623	0.563
控制变量	是	是	是	是	是
年份固定效应	—	—	是	是	是
地区固定效应	—	—	是	是	是
行业固定效应	是	—	是	是	是
年份—地区固定效应	是	是	否	否	否
年份—行业固定效应	否	是	否	否	否
时间趋势	否	否	是	否	否

注：（1）＊表示 p＜10%、＊＊表示 p＜5%、＊＊＊表示 p＜1%；（2）估计系数下括号内是稳健标准误。

资料来源：作者整理。

（2）替换估计方法。在基准回归部分使用固定效应模型估计的基础上，进一步替换使用随机效应与混合 OLS 模型对国家价值链与经济增长之间的关系进行检验。根据表 4−5 中第（4）列、第（5）列，仅单一型国家价值链后向参与和复合型国家价值链前向参与的估计系数显著，且分别为显著负和显著正，基准回归结论依然成立。

（3）替换变量。本书使用分地区—行业的实际国内生产总值测度被解释变量经济增长，可以反映出分地区—行业的经济增长的绝对总量规模，为避免变量测度的不同方法可能带来的回归结果的不同，本书替换使用分地区—行业的人均实际国内生产总值作为被解释变量。表 4−6 中的第（1）列的回归结果显示，在替换使用人均实际国内生产总值的测度变量后，回归结论仍保持稳健不变。

（4）内生性问题。考虑到国家价值链与地区经济增长水平之间可能存在由于双向因果关系所带来的内生性问题，因此，本书通过构建工具变量，运用两阶段最小二乘方法进行估计。工具变量的选择应当尽量满足外生性条件，即应在理论上不直接影响被解释变量，有且仅有通过内生的解释变量间接影响被解释变量。结合工具变量的外生性要求，本书拟构建官员籍贯联系强度与官员流动联系强度作为工具变量。

已有研究发现，官员通常对籍贯地具有明显的地区偏爱（Hodler and Raschky，2014），当官员的籍贯所在地与其任职地不同时，官员往往有更强动机来加强其任职地与籍贯所在地之间的往来交流（徐现祥和李书娟，2019）。与此同时，官员流动也为地区间的联系合作搭建了桥梁。因此，官员籍贯联系强度与官员流动联系强度一定程度与国家价值链参与呈正相关关系。此外，考虑到中国中管干部的任职地选择和时间长短通常由中央所决定，因此，官员籍贯联系与官员流动联系能够较好地独立于地区经济增长，是较为理想的外生变量。

具体而言，官员籍贯联系强度与官员流动联系强度的测度方法为：

$$\text{Birthplace1}_{it} = \frac{I\{\text{secretary}_{ijt}\} \times \text{GDP}_{jt}}{\text{GDP}_t} \tag{4-21}$$

$$\text{Birthplace2}_{it} = \frac{I\{\text{secretary}_{ijt}\} \times \text{Ftrade}_{jt}}{\text{Ftrade}_t} \tag{4-22}$$

$$\text{Trunover1}_{it} = \frac{I\{\text{secretary}_{ikt}\} \times \text{GDP}_{kt}}{\text{GDP}_t} \tag{4-23}$$

$$\text{Trunover2}_{it} = \frac{I\{\text{secretary}_{ikt}\} \times \text{Ftrade}_{kt}}{\text{Ftrade}_t} \tag{4-24}$$

其中，i，j，k 代表中国 30 个省份；$I\{\cdot\}$ 是示性函数；$I\{\text{secretary}_{ijt}\}$，$I\{\text{secretary}_{ikt}\}$ 取 1 表示 t 年 i 省份的省委书记的出生地（或曾任职地）位于 j（或 k）省，反之则取 0；GDP 代表国内生产总值；Ftrade 代表境内目的地和货源地进出口总额。

表 4-6 中的第（2）列报告了使用上述方法构造的工具变量进行两阶段最小二乘法（2SLS）估计的结果。工具变量估计的检验结果显示，Kleibergen-Paap rk LM 统计量为 44.02，在 1% 的显著性水平上拒绝工具变量识别不足的原假设。Kleibergen-Paap Wald rk F 统计量为 22.64，大于 Stock-Yogo 弱工具变量 10% 水平临界值，因此，拒绝弱工具变量的原假设。识别检验的结果均支持了本书选择官员籍贯联系、官员流动联系作为工具变量具有较好的合理性。具体结果显示，在考虑潜在内生性问题，使用工具变量替换估计的情况下，本书的基本结论仍然成立。

表 4 - 6 　　　　稳健性检验与内生性修正：替换变量和工具变量估计

变量	(1)	(2)
	替换变量	工具变量估计
NVC1D	- 364.711 * (195.206)	- 197.481 *** (57.926)
NVC1U	- 0.394 (116.288)	125.759 (107.837)
NVC2D	- 101.442 (85.992)	- 7.535 (63.194)
NVC2U	506.181 ** (198.426)	217.539 *** (68.664)
常数项	317.203 (277.306)	682.572 *** (261.735)
N	1920	1920
R^2	0.252	/
控制变量	是	是
年份固定效应	是	是
地区固定效应	是	是
行业固定效应	是	是

注：(1) * 表示 $p < 10\%$、** 表示 $p < 5\%$、*** 表示 $p < 1\%$；(2) 估计系数下括号内是稳健标准误；(3) 第 (1) 列的被解释变量为分地区—行业的实际人均国内生产总值。
资料来源：作者整理。

4.3.1.3 异质性检验

(1) 分行业。考虑到不同行业生产所需的要素密集程度存在差异，由此可能使不同要素密集型行业的国家价值链对经济增长的影响不尽相同。为进一步考察不同要素密集型行业间是否存在国家价值链对经济增长的异质性影响，本书首先借鉴关爱萍等（2016）的研究结论，将本书研究涉及的行业归类为劳动密集型与非劳动密集型，其中，非劳动密集型包括资本密集型与技术密集型，并进行分组回归。

表4-7展示了具体的回归结果。从第（2）列、第（4）列的回归结果中可以看出，Chow Test 结果显示，劳动密集型与非劳动密集型分组回归的单一型国家价值链后向参与，以及复合型国家价值链前向参与的系数估计结果存在显著差异。而单一型国家价值链前向参与，以及复合型国家价值链后向参与的系数估计结果在不同要素密集型行业中均不存在明显差异，且均未通过显著性检验。

表4-7　异质性检验：不同要素密集型行业下的国家价值链与经济增长

变量	（1）	（2）	（3）	（4）
	劳动密集型行业		资本或技术密集型行业	
NVC1D	-195.864^{**} (81.636)	-237.832^{***} (87.960)	-143.077^{*} (85.699)	-156.068^{*} (89.349)
NVC1U	146.617^{*} (86.819)	130.527 (87.094)	-65.900 (81.120)	-29.966 (76.989)
NVC2D	-113.510^{*} (67.126)	-14.322 (64.333)	-42.294 (43.282)	-49.202 (44.920)
NVC2U	324.568^{**} (156.500)	413.900^{**} (163.534)	321.728^{*} (183.714)	231.267 (161.614)
常数项	55.003^{**} (25.484)	255.657 (214.582)	78.346^{***} (18.772)	436.214^{**} (182.591)
N	480	480	1440	1440
R^2	0.370	0.538	0.178	0.282
Chow Test	比较列（2）与列（4） NVC1D：5.26^{*}；NVC1U：1.23；NVC2D：0.62；NVC2U：4.30^{**}			
控制变量	否	是	否	是
年份固定效应	是	是	是	是
地区固定效应	是	是	是	是
行业固定效应	是	是	是	是

注：（1）*表示 $p<10\%$、**表示 $p<5\%$、***表示 $p<1\%$；（2）估计系数下括号内是稳健标准误；（3）Chow Test 结果显示，劳动密集型行业与非劳动密集型行业的单一型国家价值链后向参与、复合型国家价值链前向参与的估计系数均存在显著差异。

资料来源：作者整理。

　　具体而言，在劳动密集型与非劳动密集型行业中，单一型国家价值链后向参与估计系数均显著为负，表现出对经济增长的负向影响，并且在劳动密集型行业中这一负面影响更为突出。与此同时，虽然复合型国家价值链前向参与估计系数，在劳动密集型与非劳动密集型行业中均为正，但仅在劳动密集型行业中表现显著。这一分行业异质性结果提示，国家价值链对经济增长的影响在劳动密集型行业中将体现得更为明显。

　　（2）分区域。考虑到中国各经济区域之间在自然资源、工业基础、人力资源等方面存在明显差距，尤其是在东部与中部、西部区域之间，这种差距体现得更为明显，因此，本书进一步区分东部、中部、西部区域样本，检验不同国家价值链构建类型以及不同价值链参与类型对于经济增长的影响是否存在不同。

　　表4-8中的第（1）列、第（2）列为东部区域的回归结果，第（3）列、第（4）列为中部区域的结果，第（5）列、第（6）列为西部区域的结果，其中第（2）列、第（4）列、第（6）列加入了相关控制变量。依次比较第（2）列、第（4）列，第（4）列、第（6）列，第（2）列、第（6）列的回归结果可以看出，Chow Test结果显示，不论是在东部与中部区域间，还是在东部与西部区域间，复合型国家价值链前向参与的系数估计结果均存在显著差异。而单一型国家价值链前向参与、后向参与，以及复合型国家价值链后向参与的系数估计结果在不同经济区域间均未表现出显著差异，且均未通过显著性检验。

表4-8　　异质性检验：不同经济区域下的国家价值链与经济增长

变量	(1)	(2)	(3)	(4)	(5)	(6)
	东部区域		中部区域		西部区域	
NVC1D	-278.412*** (106.442)	-192.825 (132.056)	-26.776 (204.037)	-202.646 (191.808)	-47.740 (39.671)	-17.875 (30.911)
NVC1U	-188.979 (213.252)	-124.368 (209.8)	152.643 (101.483)	55.656 (95.053)	13.032 (41.822)	6.782 (41.421)
NVC2D	-181.856** (90.854)	-101.513 (87.756)	-148.404 (98.004)	51.071 (89.527)	14.157 (23.715)	24.959 (24.611)

变量	(1)	(2)	(3)	(4)	(5)	(6)
	东部区域		中部区域		西部区域	
NVC2U	617.173 (433.985)	341.919 (403.797)	−186.384 (189.226)	331.640* (197.938)	174.359*** (64.763)	221.858*** (70.704)
常数项	183.500*** (33.856)	1897.191*** (493.466)	71.244** (31.637)	−28.219 (344.771)	5.042 (10.677)	−343.133*** (112.581)
N	704	704	512	512	704	704
R^2	0.236	0.357	0.308	0.432	0.225	0.340
Chow Test	比较列(2)与列(4) NVC1D：1.63；NVC1U：0.35；NVC2D：0.83；NVC2U：1.78 比较列(2)与列(6) NVC1D：0.73；NVC1U：0.19；NVC2D：0.68；NVC2U：6.33*** 比较列(4)与列(6) NVC1D：1.24；NVC1U：0.19；NVC2D：1.19；NVC2U：5.30***					
控制变量	否	是	否	是	否	是
年份固定效应	是	是	是	是	是	是
地区固定效应	是	是	是	是	是	是
行业固定效应	是	是	是	是	是	是

注：(1) *表示 $p<10\%$、**表示 $p<5\%$、***表示 $p<1\%$；(2) 估计系数下括号内是稳健标准误；(3) Chow Test 结果显示，东部区域与中部区域、东部区域与西部区域的复合型国家价值链前向参与估计系数存在显著差异。

资料来源：作者整理。

　　具体而言，复合型国家价值链前向参与的估计系数仅在中部和西部区域内显著为正，在东部区域虽同样为正但未通过显著性检验。这一分区域异质性结果提示我们，国家价值链参与，尤其是复合型国家价值链前向参与对经济增长的积极影响在中部与西部区域中将体现得更为明显。

　　(3) 分市场环境。考虑到国家价值链本质上是地区间分工与贸易的产物，本书进一步在不同的市场环境下，检验国家价值链对于经济增长是否存在异质性作用。具体而言，本书采用市场化程度作为市场环境的代理变量，使用樊纲等（2011）和王小鲁等（2019）的市场化指数进行测度。在此基础上，本书以市场化指数的中位数为界，将样本划分为低水平市场环境与高水平市场环境两个组别。

表 4 - 9 报告了具体的回归结果。从第（2）列、第（4）列的回归结果中可以看出，Chow Test 结果显示，在不同水平市场环境下的分组回归中，单一型国家价值链后向参与，以及复合型国家价值链前向参与的系数估计结果存在显著差异。而单一型国家价值链前向参与，以及复合型国家价值链后向参与的系数估计结果在不同要素密集型行业中均不存在明显差异，且均未通过显著性检验。

表 4 - 9　　异质性检验：不同市场环境下的国家价值链与经济增长

变量	（1）	（2）	（3）	（4）
	低水平市场环境		高水平市场环境	
NVC1D	- 111. 113 ** （55. 049）	- 79. 911 （58. 043）	- 158. 450 （123. 924）	- 364. 968 ** （143. 214）
NVC1U	20. 900 （36. 552）	11. 623 （36. 500）	- 131. 147 （162. 355）	- 63. 791 （173. 200）
NVC2D	- 18. 036 （24. 173）	- 10. 211 （23. 440）	- 31. 111 （105. 035）	- 97. 136 （103. 911）
NVC2U	104. 053 ** （51. 696）	137. 341 ** （55. 886）	481. 346 * （283. 204）	552. 349 * （304. 857）
常数项	45. 252 *** （9. 145）	- 177. 152 * （106. 222）	111. 798 *** （36. 871）	1033. 720 *** （272. 108）
N	960	960	960	960
R^2	0. 085	0. 109	0. 300	0. 391
Chow Test	比较列（2）与列（4） NVC1D：4. 33 **；NVC1U：0. 12；NVC2D：0. 37；NVC2U：4. 75 ***			
控制变量	否	是	否	是
年份固定效应	是	是	是	是
地区固定效应	是	是	是	是
行业固定效应	是	是	是	是

注：（1）＊表示 $p < 10\%$、＊＊表示 $p < 5\%$、＊＊＊表示 $p < 1\%$；（2）估计系数下括号内是稳健标准误；（3）Chow Test 结果显示，低水平市场环境与高水平市场环境的单一型国家价值链后向参与、复合型国家价值链前向参与的估计系数均存在显著差异。

资料来源：作者整理。

具体而言，无论是在低水平还是高水平市场环境中，复合型国家价值链前向参与估计系数均显著为正，表现出对经济增长的正向影响，并且在高水平市场环境中这一积极影响更为突出。与此同时，在低水平与高水平市场环境中，虽然单一型国家价值链后向参与估计系数均为负，但仅在高水平市场环境中表现显著。这一分市场环境异质性结果提示我们，高水平市场环境将放大国家价值链参与对经济增长的作用，无论是复合型国家价值链前向参与对经济增长的积极影响，还是单一型国家价值链后向参与对经济增长的负面作用。

4.3.2 回归结果（二）：国家价值链、流通业发展与经济增长

4.3.2.1 基准回归

表4-10展示了回归结果，第（1）列和第（2）列、第（3）列和第（4）列依次在未引入和引入相关控制变量的情况下，区分国家价值链构建类型和参与类型，考察流通业发展整体水平对于国家价值链经济增长效应的影响。

表4-10　基准回归：国家价值链、流通业发展整体水平与经济增长

变量	（1）	（2）	（3）	（4）
	流通业发展整体水平			
NVC1	2.627 (5.867)	-0.244 (5.714)		
NVC2	-2.586 (3.994)	-0.552 (3.905)		
NVC1D			-10.347 * (5.793)	-14.598 ** (5.971)
NVC1U			8.395 (8.599)	-1.237 (7.937)
NVC2D			-9.757 ** (4.364)	-6.225 (4.223)
NVC2U			-0.036 (11.036)	15.291 ** (6.091)

续表

变量	（1）	（2）	（3）	（4）
	流通业发展整体水平			
Distri$_n$	88. 766 *** (16. 598)	99. 367 *** (20. 180)	86. 693 *** (16. 032)	102. 272 *** (20. 141)
Distri × NVC1	11. 906 * (6. 476)	5. 454 (5. 840)		
Distri × NVC2	− 5. 803 (4. 876)	− 5. 291 (4. 927)		
Distri × NVC1D			5. 785 (10. 225)	33. 736 *** (11. 790)
Distri × NVC1U			− 39. 617 *** (14. 592)	− 5. 477 (13. 555)
Distri × NVC2D			2. 143 (5. 622)	1. 845 (5. 526)
Distri × NVC2U			− 4. 992 (5. 311)	− 4. 935 (5. 205)
常数项	77. 441 *** (6. 085)	446. 813 *** (144. 123)	67. 420 *** (8. 045)	400. 070 *** (145. 435)
N	1920	1920	1920	1920
R^2	0. 212	0. 323	0. 234	0. 332
控制变量	否	是	否	是
年份固定效应	是	是	是	是
地区固定效应	是	是	是	是
行业固定效应	是	是	是	是

注：（1）＊表示 $p < 10\%$ 、＊＊表示 $p < 5\%$ 、＊＊＊表示 $p < 1\%$；（2）估计系数下括号内是稳健标准误。

资料来源：作者整理。

可以看出，第一，与前述基准回归结果类似，复合型与单一型的国家价值链以及价值链前向参与和后向参与对于经济增长的异质性影响仍然存在。具体而言，以第（4）列回归结果为例，复合型国家价值链前向参与的估计系数显著为正，单一型国家价值链后向参与的估计系数显著为负。第二，从流通发展整体水平的直接影响来看，在第（1）列、第（2）列、第（3）

列、第（4）列的回归结果中，流通业发展整体水平的估计系数均显著为正。
这一结果说明，流通业发展整体水平的提升将有益于地区经济增长。第三，
从流通业发展整体水平的间接影响来看，以第（4）列的结果为例，在流通
业发展整体水平与国家价值链的交互项中，仅有与单一型国家价值链后向参
与的交互项估计系数显著为正。这一结果说明，流通业发展整体水平的提升
将带动国家价值链发挥促进地区经济增长的正向作用，并且以单一型国家价
值链的后向参与为主，即流通业发展将通过纠偏单一型国家价值链后向参与
对经济增长的负面作用，从而间接推动地区经济增长。

表 4-11 的第（1）列、第（2）列、第（3）列、第（4）列依次展示
了针对流通业发展规模、流通业发展结构、流通业发展效率、流通业发展设
施，即流通业发展水平的四个细分维度对于国家价值链经济增长效应影响的
实证结果。

表 4-11　　基准回归：国家价值链、流通业发展细分水平与经济增长

变量	(1)	(2)	(3)	(4)
	流通业发展规模	流通业发展结构	流通业发展效率	流通业发展设施
NVC1D	-9.553	-12.408 **	-12.420 **	-13.302 **
	(6.530)	(5.583)	(5.486)	(6.206)
NVC1U	0.945	-4.347	-1.746	1.345
	(8.395)	(5.487)	(5.889)	(7.911)
NVC2D	-2.539	-1.919	-1.900	-7.221
	(4.155)	(3.741)	(3.820)	(4.769)
NVC2U	7.966	20.143 ***	16.460 **	11.835
	(10.969)	(5.668)	(6.482)	(10.814)
$Distri_n$	138.360 ***	21.650	7.456	60.375 ***
	(28.454)	(16.865)	(4.607)	(22.643)
$Distri_n \times NVC1U$	16.447	23.527 ***	1.777	12.564
	(11.602)	(5.730)	(3.253)	(10.638)
$Distri_n \times NVC2U$	-17.787	24.124 ***	2.372	-10.992
	(13.410)	(5.280)	(2.511)	(12.534)
$Distri_n \times NVC1D$	8.778	-2.006	1.049	1.322
	(7.468)	(2.727)	(3.186)	(6.983)

续表

变量	（1）流通业发展规模	（2）流通业发展结构	（3）流通业发展效率	（4）流通业发展设施
$Distri_n \times NVC2D$	-3.545 (5.180)	-1.377 (3.174)	7.657** (3.080)	-4.141 (5.990)
常数项	543.692*** (150.828)	337.690** (158.581)	358.945** (146.057)	408.130*** (146.355)
N	1920	1920	1920	1920
R^2	0.346	0.324	0.317	0.322
控制变量	是	是	是	是
年份固定效应	是	是	是	是
地区固定效应	是	是	是	是
行业固定效应	是	是	是	是

注：（1）＊表示 $p < 10\%$ 、＊＊表示 $p < 5\%$ 、＊＊＊表示 $p < 1\%$ ；（2）估计系数下括号内是稳健标准误；（3）第（1）列、第（2）列、第（3）列、第（4）列的 $Distri_n$ 依次表示流通业发展规模、流通业发展结构、流通业发展效率、流通业发展设施。
资料来源：作者整理。

可以看出，第一，类似的，复合型与单一型的国家价值链以及价值链前向参与和后向参与对于经济增长的异质性影响仍然存在。具体而言，在第（1）列、第（2）列、第（3）列、第（4）列中，复合型国家价值链前向参与的估计系数均为正，单一型国家价值链后向参与的估计系数均为负。第二，从流通业发展的四个细分维度的直接影响来看，在第（1）列、第（2）列、第（3）列、第（4）列的回归结果中，流通业发展规模、流通业发展结构、流通业发展效率、流通业发展设施的估计系数符号均为正，这一实证结果说明流通业发展的细分维度均能直接促进地区经济增长。第三，从流通业发展的四个细分维度的间接影响来看，仅有流通业发展结构、流通业发展效率表现出显著促进国家价值链经济增长效应显现的积极作用，从而间接推动地区经济增长。具体而言，流通业发展结构水平的提升将显著促进单一型国家价值链和复合型国家价值链的前向参与对于经济增长积极作用的释放，而流通业发展效率水平的提升将显著促进复合型价值链的后向参与对于经济增长积极作用的释放。这一结果提示我们，要真正发挥流通业对于国家价值链积极效果的"放大镜"作用，不能仅停留在发展与流通业相关的基础设施建设、产业投资与消费等方面，更应该关注如何提高流通业综合实力及其在经济社会中的地位。

4.3.2.2 稳健性检验与内生性修正

基准回归结果表明，在控制相关变量，以及年份、地区、行业固定效应的基础上，进一步引入流通业发展的因素后，不同国家价值链构建类型和参与类型对于经济增长的异质性作用仍然存在，与此同时，流通业发展不仅将直接发挥对于地区经济增长的积极作用，而且还将通过推动国家价值链经济增长效应显现的方式，间接助益于经济增长。为进一步验证这一回归结果的可信度，本书进行了稳健性检验与内生性修正，表4-12~表4-18报告了具体的回归结果。

（1）控制潜在遗漏变量。本书已在基准回归部分控制了一系列可能影响经济增长的相关变量，以及年份、地区、行业固定效应，以减轻由于遗漏变量引起的内生性问题带来的估计偏误。为进一步控制可能的潜在遗漏变量，表4-12、表4-13、表4-14分别进一步控制了年份—地区固定效应、年份—地区固定效应以及年份—行业固定效应、时间趋势。从回归结果中可以看出，回归结果与基准回归结果高度一致，回归结果十分稳健。

表4-12   稳健性检验与内生性修正：控制潜在遗漏变量-01

变量	(1) 流通业发展整体水平	(2) 流通业发展规模	(3) 流通业发展结构	(4) 流通业发展效率	(5) 流通业发展设施
NVC1D	-14.797** (5.984)	-10.017 (6.473)	-13.066** (5.568)	-13.333** (5.506)	-13.527** (6.214)
NVC1U	-1.558 (7.934)	0.929 (8.394)	-5.761 (5.524)	-3.605 (5.928)	0.405 (7.917)
NVC2D	-6.089 (4.216)	-2.686 (4.126)	-1.706 (3.745)	-1.691 (3.813)	-6.612 (4.789)
NVC2U	15.572 (10.040)	8.005 (10.973)	21.381*** (5.698)	18.041*** (6.501)	12.598 (10.719)
$Distri_n$	88.804*** (18.675)	128.005*** (28.604)	10.316 (16.538)	9.990** (4.719)	42.460* (23.731)

续表

变量	(1) 流通业发展 整体水平	(2) 流通业发展 规模	(3) 流通业发展 结构	(4) 流通业发展 效率	(5) 流通业发展 设施
$Distri_n \times NVC1U$	7.508 (10.363)	17.581 (11.708)	21.486 *** (5.646)	0.947 (3.187)	14.003 (10.668)
$Distri_n \times NVC2U$	−7.194 (13.594)	−19.144 (13.564)	22.523 *** (5.249)	3.342 (2.539)	−12.660 (12.420)
$Distri_n \times NVC1D$	17.102 ** (7.972)	8.041 (7.493)	−1.730 (2.705)	2.578 (3.375)	1.693 (6.981)
$Distri_n \times NVC2D$	−4.946 (5.174)	−3.790 (5.193)	−1.112 (3.133)	7.639 ** (3.061)	−3.827 (5.970)
常数项	−8698.752 * (4944.902)	−5384.720 (5014.887)	−13081.310 ** (5114.147)	−16438.600 *** (5314.606)	−12990.090 ** (5454.338)
N	1920	1920	1920	1920	1920
R^2	0.334	0.347	0.329	0.325	0.327
控制变量	是	是	是	是	是
年份固定效应	—	—	—	—	—
地区固定效应	—	—	—	—	—
行业固定效应	是	是	是	是	是
年份—地区 固定效应	是	是	是	是	是

注：(1) * 表示 $p < 10\%$、** 表示 $p < 5\%$、*** 表示 $p < 1\%$；(2) 估计系数下括号内是稳健标准误；(3) 第 (1) 列、第 (2) 列、第 (3) 列、第 (4) 列、第 (5) 列的 $Distri_n$ 依次表示流通业发展整体水平、流通业发展规模、流通业发展结构、流通业发展效率、流通业发展设施。

资料来源：作者整理。

表 4 - 13　　稳健性检验与内生性修正：控制潜在遗漏变量 - 02

变量	(1) 流通业发展 整体水平	(2) 流通业发展 规模	(3) 流通业发展 结构	(4) 流通业发展 效率	(5) 流通业发展 设施
NVC1D	−12.861 ** (5.966)	−8.142 (6.457)	−10.492 * (5.600)	−10.781 * (5.575)	−11.598 * (6.174)
NVC1U	−4.218 (7.657)	−1.536 (8.139)	−8.072 (5.269)	−6.025 (5.657)	−2.154 (7.658)

续表

变量	（1）流通业发展整体水平	（2）流通业发展规模	（3）流通业发展结构	（4）流通业发展效率	（5）流通业发展设施
NVC2D	−4.487 （4.269）	−1.045 （4.156）	0.197 （3.774）	−0.064 （3.849）	−4.853 （4.843）
NVC2U	19.824 ** （9.973）	12.029 （10.879）	25.278 *** （5.688）	21.768 *** （6.465）	16.728 （10.654）
$Distri_n$	87.902 *** （18.649）	127.945 *** （28.596）	10.452 （16.383）	10.222 ** （4.693）	40.733 * （23.686）
$Distri_n$ × NVC1U	6.576 （10.225）	17.117 （11.571）	22.379 *** （5.423）	0.658 （3.072）	13.466 （10.539）
$Distri_n$ × NVC2U	−5.337 （13.568）	−18.062 （13.539）	24.128 *** （5.243）	3.563 （2.662）	−11.331 （12.388）
$Distri_n$ × NVC1D	17.180 ** （7.872）	7.691 （7.453）	−2.038 （2.698）	4.194 （3.461）	1.413 （6.942）
$Distri_n$ × NVC2D	−4.182 （5.147）	−2.781 （5.157）	−1.731 （3.081）	8.217 *** （3.064）	−2.782 （5.951）
常数项	4188.896 （6285.970）	7530.398 （6565.123）	1058.041 （6759.091）	−2963.590 （6690.290）	−163.222 （6609.300）
N	1920	1920	1920	1920	1920
R^2	0.341	0.354	0.337	0.332	0.334
控制变量	是	是	是	是	是
年份固定效应	—	—	—	—	—
地区固定效应	—	—	—	—	—
行业固定效应	—	—	—	—	—
年份—地区固定效应	是	是	是	是	是
年份—行业固定效应	是	是	是	是	是

注：（1）＊表示 $p < 10\%$、＊＊表示 $p < 5\%$、＊＊＊表示 $p < 1\%$；（2）估计系数下括号内是稳健标准误；（3）第（1）列、第（2）列、第（3）列、第（4）列、第（5）列的 $Distri_n$ 依次表示流通业发展整体水平、流通业发展规模、流通业发展结构、流通业发展效率、流通业发展设施。

资料来源：作者整理。

表 4 - 14　　　　稳健性检验与内生性修正：控制潜在遗漏变量 - 03

变量	(1) 流通业发展整体水平	(2) 流通业发展规模	(3) 流通业发展结构	(4) 流通业发展效率	(5) 流通业发展设施
NVC1D	-14.824** (5.977)	-9.982 (6.467)	-13.106** (5.559)	-13.397** (5.495)	-13.580** (6.211)
NVC1U	-1.472 (7.939)	0.965 (8.397)	-5.607 (5.529)	-3.428 (5.934)	0.542 (7.922)
NVC2D	-6.136 (4.215)	-2.689 (4.123)	-1.777 (3.742)	-1.766 (3.810)	-6.704 (4.785)
NVC2U	15.454 (10.046)	7.945 (10.976)	21.188*** (5.695)	17.823*** (6.498)	12.417 (10.724)
$Distri_n$	89.945*** (18.643)	129.366*** (28.637)	10.982 (16.585)	9.872** (4.724)	43.505* (23.677)
$Distri_n \times NVC1U$	7.386 (10.361)	17.438 (11.707)	21.579*** (5.653)	0.995 (3.195)	13.942 (10.669)
$Distri_n \times NVC2U$	-7.092 (13.599)	-18.980 (13.559)	22.568*** (5.248)	3.292 (2.532)	-12.612 (12.428)
$Distri_n \times NVC1D$	16.976** (7.969)	8.143 (7.490)	-1.737 (2.708)	2.448 (3.364)	1.682 (6.985)
$Distri_n \times NVC2D$	-4.962 (5.178)	-3.771 (5.193)	-1.109 (3.137)	7.616** (3.063)	-3.879 (5.972)
常数项	-7687.298 (4784.000)	-4449.604 (4871.407)	-11903.540** (4967.048)	-15222.200*** (5146.810)	-11864.060** (5271.602)
N	1920	1920	1920	1920	1920
R^2	0.334	0.347	0.329	0.324	0.326
控制变量	是	是	是	是	是
年份固定效应	是	是	是	是	是
地区固定效应	是	是	是	是	是
行业固定效应	是	是	是	是	是
时间趋势	是	是	是	是	是

注：（1）＊表示 $p<10\%$、＊＊表示 $p<5\%$、＊＊＊表示 $p<1\%$；（2）估计系数下括号内是稳健标准误；（3）第（1）列、第（2）列、第（3）列、第（4）列、第（5）列的 $Distri_n$ 依次表示流通业发展整体水平、流通业发展规模、流通业发展结构、流通业发展效率、流通业发展设施。

资料来源：作者整理。

（2）替换估计方法。本书进一步替换估计方法对国家价值链、流通业发展与经济增长之间的关系进行检验。表4-15、表4-16分别报告了使用随机效应模型以及混合 OLS 模型估计的实证结果。可以看出，基准回归结论依然成立。

表 4 - 15　　稳健性检验与内生性修正：替换估计方法（随机效应）

变量	(1) 流通业发展整体水平	(2) 流通业发展规模	(3) 流通业发展结构	(4) 流通业发展效率	(5) 流通业发展设施
NVC1D	- 15. 344 *** (5. 652)	- 11. 534 * (6. 206)	- 12. 834 ** (5. 304)	- 13. 006 ** (5. 148)	- 14. 113 ** (5. 913)
NVC1U	1. 532 (7. 565)	2. 566 (7. 896)	- 0. 465 (5. 274)	2. 368 (5. 539)	4. 544 (7. 464)
NVC2D	- 5. 538 (4. 574)	- 2. 075 (4. 502)	- 1. 478 (4. 188)	- 1. 870 (4. 124)	- 6. 809 (5. 196)
NVC2U	15. 526 * (8. 830)	10. 645 (9. 596)	18. 558 *** (5. 168)	14. 761 ** (5. 745)	11. 597 (9. 267)
$Distri_n$	102. 331 *** (20. 327)	136. 873 *** (28. 712)	22. 364 (16. 947)	7. 027 (4. 642)	61. 448 *** (23. 183)
$Distri_n \times$ NVC1U	2. 718 (10. 915)	11. 069 (12. 576)	22. 496 *** (5. 487)	2. 208 (3. 181)	10. 200 (11. 551)
$Distri_n \times$ NVC2U	- 0. 760 (12. 217)	- 9. 586 (12. 111)	22. 896 *** (5. 038)	1. 778 (2. 395)	- 8. 001 (11. 267)
$Distri_n \times$ NVC1D	15. 774 ** (7. 895)	6. 514 (7. 674)	- 1. 977 (2. 722)	0. 829 (3. 017)	0. 519 (7. 105)
$Distri_n \times$ NVC2D	- 4. 518 (5. 104)	- 1. 652 (4. 803)	- 2. 134 (3. 047)	6. 477 ** (2. 974)	- 4. 504 (6. 233)
常数项	528. 951 ** (207. 617)	642. 024 *** (206. 792)	597. 934 *** (220. 319)	670. 095 *** (201. 384)	682. 271 *** (206. 788)
N	1920	1920	1920	1920	1920

续表

变量	(1) 流通业发展 整体水平	(2) 流通业发展 规模	(3) 流通业发展 结构	(4) 流通业发展 效率	(5) 流通业发展 设施
R^2	0.622	0.619	0.623	0.622	0.622
控制变量	是	是	是	是	是
年份固定效应	是	是	是	是	是
地区固定效应	是	是	是	是	是
行业固定效应	是	是	是	是	是

注：（1）＊表示 p＜10%、＊＊表示 p＜5%、＊＊＊表示 p＜1%；（2）估计系数下括号内是稳健标准误；（3）第（1）列、第（2）列、第（3）列、第（4）列、第（5）列的 $Distri_n$ 依次表示流通业发展整体水平、流通业发展规模、流通业发展结构、流通业发展效率、流通业发展设施。

资料来源：作者整理。

表 4－16　　稳健性检验与内生性修正：替换估计方法（混合 OLS）

变量	(1) 流通业发展 整体水平	(2) 流通业发展 规模	(3) 流通业发展 结构	(4) 流通业发展 效率	(5) 流通业发展 设施
NVC1D	−17.252＊＊＊ (5.290)	−16.321＊＊＊ (5.712)	−14.901＊＊＊ (4.824)	−15.293＊＊＊ (4.525)	−16.273＊＊＊ (5.681)
NVC1D	16.362＊ (9.138)	13.568 (8.885)	17.716＊＊＊ (6.310)	20.453＊＊＊ (6.402)	20.906＊＊ (9.060)
NVC1U	−2.312 (6.638)	0.995 (6.701)	0.941 (6.353)	−0.252 (6.012)	−4.344 (7.281)
NVC2D	13.226 (8.684)	16.202＊ (9.769)	9.936＊ (5.843)	6.603 (6.429)	7.049 (8.562)
NVC2U	103.121＊＊＊ (21.374)	133.324＊＊＊ (31.813)	25.238 (18.506)	5.647 (6.532)	64.998＊＊ (25.270)
$Distri_n$	−7.032 (12.605)	−6.539 (13.957)	18.261＊＊＊ (4.907)	3.074 (3.922)	3.690 (13.477)
$Distri_n × NVC1U$	15.286 (12.101)	17.399 (12.179)	17.787＊＊＊ (4.898)	−0.607 (3.261)	1.926 (10.977)
$Distri_n × NVC2U$	15.950＊＊ (7.851)	3.449 (8.245)	−1.995 (3.481)	0.228 (3.592)	−0.165 (7.910)

续表

变量	(1) 流通业发展整体水平	(2) 流通业发展规模	(3) 流通业发展结构	(4) 流通业发展效率	(5) 流通业发展设施
$Distri_n × NVC1D$	-3.801 (6.345)	4.413 (6.602)	-5.276 (3.342)	1.889 (3.921)	-5.779 (7.878)
常数项	502.609 * (263.855)	545.996 ** (266.444)	573.056 ** (271.630)	664.195 ** (263.910)	669.112 ** (264.338)
N	1920	1920	1920	1920	1920
R^2	0.567	0.569	0.565	0.563	0.564
控制变量	是	是	是	是	是
年份固定效应	是	是	是	是	是
地区固定效应	是	是	是	是	是
行业固定效应	是	是	是	是	是

注：(1) * 表示 $p < 10\%$ 、** 表示 $p < 5\%$ 、*** 表示 $p < 1\%$ ；(2) 估计系数下括号内是稳健标准误；(3) 第 (1) 列、第 (2) 列、第 (3) 列、第 (4) 列、第 (5) 列的 $Distri_n$ 依次表示流通业发展整体水平、流通业发展规模、流通业发展结构、流通发展效率、流通业发展设施。

资料来源：作者整理。

（3）替换变量。本书基准回归部分使用分地区—行业的实际国内生产总值作为被解释变量。为避免变量测度不同可能导致的回归结果变化，本书替换使用分地区—行业的人均实际国内生产总值作为被解释变量。表 4 - 17 的回归结果显示，在替换变量进行估计后，核心解释变量国家价值链与流通业发展的回归结果与基准回归结果相似，回归结果较为稳健可信。

表 4 - 17　　　　　　稳健性检验与内生性修正：替换变量

变量	(1) 流通业发展整体水平	(2) 流通业发展规模	(3) 流通业发展结构	(4) 流通业发展效率	(5) 流通业发展设施
NVC1D	-34.308 ** (16.989)	-23.933 (17.827)	-23.420 (14.898)	-27.575 * (15.406)	-33.114 * (16.984)
NVC1U	-1.522 (12.643)	6.376 (13.432)	-3.741 (10.177)	0.208 (10.930)	1.987 (12.542)
NVC2D	-12.059 (9.958)	-8.100 (9.349)	-2.676 (7.390)	-6.161 (8.326)	-12.984 (10.906)

续表

变量	(1) 流通业发展 整体水平	(2) 流通业发展 规模	(3) 流通业发展 结构	(4) 流通业发展 效率	(5) 流通业发展 设施
NVC2U	28.609 * (14.846)	9.646 (16.183)	31.922 *** (9.863)	25.289 ** (11.392)	24.603 (15.175)
$Distri_n$	132.694 *** (49.562)	213.923 *** (45.910)	7.352 (29.593)	16.780 ** (8.325)	55.366 (65.472)
$Distri_n \times NVC1U$	-1.752 (13.824)	20.894 (15.706)	40.701 *** (10.291)	-2.991 (6.605)	7.538 (14.113)
$Distri_n \times NVC2U$	-2.423 (19.338)	7.601 (15.110)	40.915 *** (10.998)	6.410 (5.054)	-8.582 (17.202)
$Distri_n \times NVC1D$	2.099 * (1.219)	34.920 * (19.033)	-12.397 (8.304)	0.272 (9.319)	-14.034 (21.938)
$Distri_n \times NVC2D$	-12.331 (14.256)	-12.300 (12.457)	-5.125 (8.506)	11.274 ** (5.545)	-9.163 (15.102)
常数项	310.690 (271.598)	549.115 * (285.070)	220.572 (274.509)	255.051 (274.352)	338.496 (275.886)
N	1920	1920	1920	1920	1920
R^2	0.263	0.278	0.264	0.255	0.255
控制变量	是	是	是	是	是
年份固定效应	是	是	是	是	是
地区固定效应	是	是	是	是	是
行业固定效应	是	是	是	是	是

注：(1) * 表示 $p < 10\%$ 、** 表示 $p < 5\%$ 、*** 表示 $p < 1\%$ ；(2) 估计系数下括号内是稳健标准误；(3) 第 (1) 列、第 (2) 列、第 (3) 列、第 (4) 列、第 (5) 列的 $Distri_n$ 依次表示流通业发展整体水平、流通业发展规模、流通业发展结构、流通业发展效率、流通业发展设施；(4) 被解释变量为分地区—行业的实际人均国内生产总值。

资料来源：作者整理。

（4）内生性问题。为解决潜在的内生性问题，本部分同样使用了官员籍贯联系强度与官员流动联系强度作为国家价值链的工具变量。表4-18报告了使用工具变量进行两阶段最小二乘法（2SLS）估计的结果。估计结果显示，使用工具变量进行内生性处理的估计结果仍然支持基准回归部分的结论，并且工具变量估计的检验结果支持了工具变量选择具有良好的合理性。

表4-18　　　　　　　　　稳健性检验与内生性修正：工具变量估计

变量	(1) 流通业发展整体水平	(2) 流通业发展规模	(3) 流通业发展结构	(4) 流通业发展效率	(5) 流通业发展设施
NVC1D	-17.252 *** (5.198)	-16.321 *** (5.613)	-14.901 *** (4.741)	-15.293 *** (4.446)	-16.273 *** (5.582)
NVC1U	16.362 * (8.980)	13.568 (8.731)	17.716 *** (6.200)	20.453 *** (6.291)	20.906 ** (8.903)
NVC2D	-2.312 (6.523)	0.995 (6.585)	0.941 (6.242)	-0.252 (5.908)	-4.344 (7.155)
NVC2U	13.226 (8.533)	16.202 * (9.599)	9.936 * (5.742)	6.603 (6.318)	7.049 (8.414)
$Distri_n$	103.121 *** (21.004)	133.324 *** (31.262)	25.238 (18.185)	5.647 (6.419)	64.988 *** (24.832)
$Distri_n \times NVC1U$	-7.032 (12.386)	-6.539 (13.715)	18.261 *** (4.822)	3.074 (3.854)	3.690 (13.243)
$Distri_n \times NVC2U$	15.286 (11.892)	17.399 (11.968)	17.787 *** (4.813)	-0.607 (3.205)	1.926 (10.787)
$Distri_n \times NVC1D$	15.950 ** (7.651)	3.449 (8.102)	-1.995 (3.421)	0.228 (3.530)	-0.165 (7.773)
$Distri_n \times NVC2D$	-3.801 (6.235)	4.413 (6.488)	-5.276 (3.284)	1.889 (3.853)	-5.779 (7.741)
常数项	502.609 * (259.280)	544.996 ** (261.824)	573.056 ** (266.921)	664.195 ** (259.334)	669.112 *** (259.755)
N	1920	1920	1920	1920	1920
R^2	0.567	0.569	0.565	0.563	0.564
控制变量	是	是	是	是	是
年份固定效应	是	是	是	是	是
地区固定效应	是	是	是	是	是
行业固定效应	是	是	是	是	是

注：(1) * 表示 $p<10\%$ 、** 表示 $p<5\%$ 、*** 表示 $p<1\%$；(2) 估计系数下括号内是稳健标准误；(3) 第 (1) 列、第 (2) 列、第 (3) 列、第 (4) 列、第 (5) 列的 $Distri_n$ 依次表示流通业发展整体水平、流通业发展规模、流通业发展结构、流通业发展效率、流通业发展设施；(4) Kleibergen-Paap rk LM 统计量在第 (1) 列~第 (5) 列依次为62.34、27.90、16.93、38.87、29.49，均在10%的显著性水平上，拒绝工具变量识别不足的原假设。Kleibergen-Paap Wald rk F 统计量在第 (1) 列~第 (5) 列依次为17.15、17.70、35.39、21.65、18.32，均大于 Stock-Yogo 弱工具变量10%水平临界值，因此，拒绝弱工具变量的原假设。

资料来源：作者整理。

4.3.2.3　异质性检验

（1）分行业。本书进一步区分劳动密集型行业与非劳动密集型行业，检验在不同要素密集型行业中核心变量的估计结果是否存在差异。表 4 - 19 展示了具体的回归结果。

表 4 - 19　　异质性检验：不同要素密集型行业下的国家价值链、
流通业发展与经济增长

变量	(1)	(2)	(3)	(4)	(5)	(6)
	劳动密集型行业			资本或技术密集型行业		
	流通业发展整体水平	流通业发展结构	流通业发展效率	流通业发展整体水平	流通业发展结构	流通业发展效率
NVC1D	- 20. 664 *** (6. 994)	- 23. 993 *** (7. 034)	- 14. 653 ** (6. 937)	- 12. 974 (7. 941)	- 10. 454 (7. 249)	- 11. 855 (7. 283)
NVC1U	16. 160 * (8. 555)	12. 963 * (7. 049)	11. 941 (7. 751)	1. 924 (11. 359)	- 5. 014 (6. 711)	- 1. 321 (7. 557)
NVC2D	- 3. 105 (6. 015)	- 3. 598 (6. 072)	6. 027 (7. 519)	- 7. 151 (5. 093)	- 1. 534 (4. 305)	- 2. 958 (4. 296)
NVC2U	24. 913 *** (9. 181)	20. 507 ** (8. 038)	24. 849 *** (9. 172)	4. 367 (16. 935)	16. 488 * (8. 440)	10. 224 (9. 829)
$Distri_n$	92. 051 *** (22. 660)	36. 360 (22. 848)	11. 987 (7. 972)	103. 754 *** (25. 664)	18. 025 (21. 180)	7. 198 (5. 641)
$Distri_n \times$ NVC1U	19. 051 ** (7. 674)	35. 381 *** (8. 454)	7. 370 (6. 051)	11. 526 (14. 784)	20. 414 *** (6. 525)	0. 471 (3. 905)
$Distri_n \times$ NVC2U	5. 418 (8. 523)	27. 110 *** (6. 524)	1. 419 (3. 529)	- 19. 353 (22. 999)	23. 258 *** (7. 483)	3. 789 (3. 553)
$Distri_n \times$ NVC1D	- 3. 153 (5. 804)	10. 549 *** (3. 880)	10. 625 * (5. 924)	2. 250 (6. 711)	- 4. 331 (3. 236)	0. 537 (3. 952)
$Distri_n \times$ NVC2D	- 1. 278 (7. 173)	1. 547 (5. 105)	14. 879 ** (7. 146)	- 6. 704 (6. 290)	- 2. 518 (3. 720)	7. 100 ** (3. 501)
常数项	264. 632 (200. 464)	265. 273 (219. 745)	194. 682 (216. 231)	440. 482 ** (179. 619)	375. 729 * (197. 326)	405. 266 ** (180. 850)
N	480	480	480	1440	1440	1440

变量	(1)	(2)	(3)	(4)	(5)	(6)
	劳动密集型行业			资本或技术密集型行业		
	流通业发展整体水平	流通业发展结构	流通业发展效率	流通业发展整体水平	流通业发展结构	流通业发展效率
R^2	0.574	0.574	0.545	0.300	0.289	0.284
Chow Test	比较列（1）与列（4） NVC1D: 5.82 ***; NVC2U: 3.82 **; Distri$_n$: 16.61 *** 比较列（2）与列（5） NVC1D: 7.02 ***; NVC2U: 5.25 ***; Distri$_n$: 1.66; Distri$_n$ × NVC1U: 13.88 ***; Distri$_n$ × NVC2U: 13.69 *** 比较列（3）与列（6） NVC1D: 3.61 **; NVC2U: 4.32 **; Distri$_n$: 1.97; Distri$_n$ × NVC2D: 4.27 **					
控制变量	是	是	是	是	是	是
年份固定效应	是	是	是	是	是	是
地区固定效应	是	是	是	是	是	是
行业固定效应	是	是	是	是	是	是

注：（1）＊表示 p＜10%、＊＊表示 p＜5%、＊＊＊表示 p＜1%；（2）估计系数下括号内是稳健标准误；（3）基于回归结果的研究结论，主要是流通业发展整体水平、流通业发展结构、流通业发展效率表现出显著的影响国家价值链经济增长效应的作用，故异质性检验部分针对这三个变量展开研究。

资料来源：作者整理。

依次比较第（1）列、第（4）列，第（2）列、第（5）列，第（3）列、第（6）列的结果可以看出，针对国家价值链的作用，在劳动密集型行业中，不同构建类型与参与类型的国家价值链相较于在非劳动密集型行业中而言，均表现出了对于经济增长更为明显的异质性影响。具体而言，劳动密集型行业中的单一型国家价值链后向参与和复合型国家价值链前向参与的估计系数分别显著为负和正，且均显著高于在非劳动密集型行业中的估计结果。针对流通业发展的直接作用，仅有流通业发展整体水平的估计系数显著为正，并且在非劳动密集型行业中，流通业发展整体水平的积极影响要显著高于在劳动密集型行业中的影响。针对流通业发展的间接作用，流通业发展整体水平助益单一型国家价值链前向参与经济增长效应显现的积极作用，集中体现在劳动密集型行业中；流通业发展结构在劳动密集型行业中显现出了对于单一型国家价值链前向参与和后向参与经济增长效应，以及复合型国家价值链前向参与经济增长效应的积极影响，且均显著大于在非劳动密集型行业中的作用；流通业发展效率同样在劳动密集型行业中表现出了更为显著的放大单一型与复合型国家价值链后向参与经济增长效应的作用。

这一分行业异质性结果显示，无论是流通业发展整体水平，还是细分维度的流通业发展结构与流通业发展效率，流通业发展助推国家价值链释放经济增长促进效应的间接影响，在劳动密集型行业中均得到了更为明显的显现。但在非劳动密集型行业中，流通业发展整体水平对于经济增长的直接影响则体现得更为明显。

（2）分区域。本书进一步区分东部、中部、西部区域，检验在不同区域中核心变量的研究结论是否存在差异。表 4 - 20 展示了具体的回归结果。

依次比较第（1）列、第（4）列，第（1）列、第（7）列，第（4）列、第（7）列，第（2）列、第（5）列，第（2）列、第（8）列，第（5）列、第（8）列，第（3）列、第（6）列，第（3）列、第（9）列，第（6）列、第（9）列的结果可以看出，针对国家价值链的作用，不同构建类型与参与类型的国家价值链对地区经济增长的异质性作用在不同区域间均存在，但程度存在差异。具体而言，单一型国家价值链后向参与的估计系数仅在东部区域显著为负，而复合型国家价值链前向参与的估计系数仅在中部、西部区域显著为正。针对流通业发展的直接作用，仅在东部与中部区域中，流通业发展整体水平与流通业发展效率的估计系数显著为正。针对流通业发展的间接作用，流通业发展整体水平与国家价值链交互项的估计系数结果在不同区域中并不存在显著差异；流通业发展结构在东部与中部区域中均显现出了对于单一型国家价值链前向参与和复合型国家价值链前向参与经济增长效应的积极影响，但在西部区域中这一影响则并不显著；流通业发展效率在中部区域和西部区域中均表现出了对于单一型国家价值链前向参与经济增长效应的促进作用，此外，在中部区域中，对于复合型国家价值链后向参与经济增长效应同样具有显著的促进作用，但在东部区域中则均未表现出显著影响。

这一分区域异质性结果提示我们，流通业发展对于经济增长的直接作用在东部与中部区域得到了更为显著的表现，而对于经济增长的间接作用则主要集中在中部与西部区域。

表4-20　　　　异质性检验：不同经济区域下的国家价值链、流通业发展与经济增长

变量	(1)	(2)	(3)	(4)	(5)	(6)	(7)	(8)	(9)
	东部区域			中部区域			西部区域		
	流通业发展整体水平	流通业发展结构	流通业发展效率	流通业发展整体水平	流通业发展结构	流通业发展效率	流通业发展整体水平	流通业发展结构	流通业发展效率
NVC1D	-27.274*** (10.451)	3.196 (24.209)	-22.853 (16.720)	0.625 (20.588)	-25.108 (18.593)	-14.515 (14.550)	-1.356 (11.059)	-1.784 (3.537)	-1.400 (2.482)
NVC1U	-19.282 (15.816)	1.821 (25.868)	-31.354 (33.224)	16.412 (13.966)	4.535 (7.375)	6.446 (8.775)	-3.197 (8.057)	-2.267 (3.633)	0.589 (4.053)
NVC2D	-10.885 (9.263)	-25.042 (17.422)	-16.909 (13.263)	34.510 (23.125)	14.682 (9.994)	10.394 (8.578)	8.627 (9.699)	4.492 (3.745)	3.432 (2.365)
NVC2U	21.003 (15.964)	2.440 (26.969)	43.753 (34.210)	27.548 (16.826)	25.563** (10.802)	21.083* (11.166)	18.207*** (5.963)	13.651*** (3.726)	11.868*** (4.497)
$Distri_n$	141.433*** (38.324)	60.346 (40.018)	121.452*** (39.621)	118.458*** (37.05)	31.311 (20.802)	23.088** (10.177)	37.422 (32.950)	6.734 (14.764)	-2.170 (3.021)
$Distri_n$ × NVC1U	2.229 (18.656)	32.566** (16.492)	-29.845 (33.712)	25.377 (21.676)	32.420* (17.743)	12.744*** (4.711)	-5.884 (9.023)	-6.843 (4.777)	-5.904** (2.274)
$Distri_n$ × NVC2U	4.245 (20.361)	34.380** (16.344)	40.917 (36.182)	16.458 (26.655)	48.271** (19.804)	-3.062 (4.742)	8.720 (8.760)	5.175 (3.996)	2.551 (1.620)
$Distri_n$ × NVC1D	11.400 (8.074)	-13.380 (11.482)	-16.211 (17.412)	44.566 (33.434)	-23.156 (16.521)	-4.266 (4.603)	0.754 (11.175)	-1.345 (3.898)	-1.075 (1.854)
$Distri_n$ × NVC2D	-7.720 (9.158)	7.872 (8.466)	-11.037 (13.678)	49.410 (35.940)	26.583 (20.930)	15.236** (7.135)	7.103 (9.776)	3.540 (4.244)	1.668 (1.490)
常数项	1242.4*** (430.279)	1627.5*** (426.890)	2813.7*** (665.948)	201.8 (343.716)	158.8 (330.768)	173.5 (338.144)	-242.1*** (91.500)	-316.9** (156.502)	-312.8*** (109.905)

续表

变量	东部区域			中部区域			西部区域		
	(1)	(2)	(3)	(4)	(5)	(6)	(7)	(8)	(9)
	流通业发展整体水平	流通业发展结构	流通业发展效率	流通业发展整体水平	流通业发展结构	流通业发展效率	流通业发展整体水平	流通业发展结构	流通业发展效率
N	704	704	704	512	512	512	704	704	704
R^2	0.378	0.372	0.545	0.447	0.458	0.445	0.345	0.347	0.348
Chow Test	比较列 (1) 与列 (4) NVC1D: 3.40**; NVC2U: 2.22; $Distri_n$: 11.96*** 比较列 (4) 与列 (7) NVC1D: 3.42*; NVC2U: 5.54***; $Distri_n$: 7.48*** 比较列 (1) 与列 (7) NVC1D: 0.01; NVC2U: 6.00***; $Distri_n$: 5.81** 比较列 (2) 与列 (5) NVC1D: 0.93; NVC2U: 2.84*; $Distri_n$: 2.28; $Distri_n \times NVC1U$: 3.63**; $Distri_n \times NVC2U$: 5.21*** 比较列 (5) 与列 (8) NVC1D: 0.14; NVC2U: 6.74***; $Distri_n$: 1.24 比较列 (2) 与列 (8) NVC1D: 1.05; NVC2U: 9.53***; $Distri_n$: 1.25 比较列 (3) 与列 (6) NVC1D: 1.44; NVC2U: 2.62*; $Distri_n$: 7.29*** 比较列 (3) 与列 (9) NVC1D: 1.10; NVC2U: 4.31**; $Distri_n$: 4.97* 比较列 (6) 与列 (9) NVC1D: 0.66; NVC2U: 5.28***; $Distri_n$: 2.86*; $Distri_n \times NVC1U$: 2.93*								
控制变量	是	是	是	是	是	是	是	是	是
年份固定效应	是	是	是	是	是	是	是	是	是
地区固定效应	是	是	是	是	是	是	是	是	是
行业固定效应	是	是	是	是	是	是	是	是	是

注：（1）* 表示 p<10%，** 表示 p<5%，*** 表示 p<1%；（2）估计系数下括号内是稳健标准误；（3）Chow Test 主要选择了回归结果 2 基准回归的研究中回归结果 2 基准回归，对其在异质性回归中的估计系数进行了差异性检验；（4）基于回归结果的研究结论，主要包括流通业发展效率、流通业发展结构、流通业发展整体水平，主要是流通业发展整体水平，流通业发展效率表现出显著的影响国家价值链经济增长效应的作用。因此，异质性检验部分本书主要针对这三方面对流通业作用进行研究。
资料来源：作者整理。

（3）分市场环境。本书进一步区分不同的市场环境，检验在低水平市场环境与高水平市场环境中核心变量的研究结论是否存在差异。表4-21展示了具体的回归结果。

表4-21　异质性检验：不同市场环境下的国家价值链、流通业发展与经济增长

变量	（1）	（2）	（3）	（4）	（5）	（6）
	低水平市场环境			高水平市场环境		
	流通业发展整体水平	流通业发展结构	流通业发展效率	流通业发展整体水平	流通业发展结构	流通业发展效率
NVC1D	-14.982 (11.007)	-5.346 (4.277)	-6.322 (4.586)	-38.357*** (14.513)	-22.469 (14.325)	-26.087** (10.813)
NVC1U	7.164 (7.914)	0.251 (3.108)	0.988 (3.725)	-12.640 (14.169)	2.363 (16.354)	-0.225 (15.307)
NVC2D	3.071 (5.858)	-0.384 (2.174)	-0.054 (2.140)	-4.905 (12.688)	-2.231 (12.426)	-3.564 (10.060)
NVC2U	13.636 (9.309)	8.025*** (2.726)	7.254* (4.161)	33.975** (15.127)	28.707* (15.430)	28.197* (16.097)
$Distri_n$	11.971 (45.481)	-13.960 (13.437)	4.385 (2.848)	120.963*** (34.214)	14.144 (26.575)	-5.789 (15.151)
$Distri_n \times NVC1U$	·9.270 (9.816)	6.297* (3.473)	-0.103 (1.899)	5.093 (16.679)	57.805*** (14.535)	10.508 (9.160)
$Distri_n \times NVC2U$	9.086 (12.217)	8.539*** (3.016)	0.887 (1.459)	-8.453 (19.332)	69.311*** (16.315)	8.388 (10.268)
$Distri_n \times NVC1D$	-12.500 (11.184)	-1.084 (1.459)	-0.920 (1.577)	19.796** (10.081)	-4.799 (7.320)	9.161 (9.246)
$Distri_n \times NVC2D$	5.521 (6.408)	0.455 (1.259)	16.746 (11.382)	-12.126 (10.491)	0.053 (7.614)	2.680* (1.400)
常数项	-161.063 (151.221)	-142.778 (108.472)	-161.441 (104.759)	837.600*** (280.580)	1029.521*** (289.206)	985.774*** (281.155)
N	960	960	960	960	960	960
R^2	0.115	0.113	0.111	0.409	0.410	0.395

续表

变量	（1）	（2）	（3）	（4）	（5）	（6）
	低水平市场环境			高水平市场环境		
	流通业发展整体水平	流通业发展结构	流通业发展效率	流通业发展整体水平	流通业发展结构	流通业发展效率
Chow Test	比较列（1）与列（4） NVC1D：5.36 ** ；NVC2U：2.77 * ；Distri$_n$：6.29 *** 比较列（2）与列（5） NVC1D：2.23；NVC2U：6.23 ** ；Distri$_n$：0.79；Distri$_n$ × NVC1U：9.04 *** ； Distri$_n$ × NVC2U：10.07 *** 比较列（3）与列（6） NVC1D：4.23 ** ；NVC2U：3.31 * * ；Distri$_n$：1.32					
控制变量	是	是	是	是	是	是
年份固定效应	是	是	是	是	是	是
地区固定效应	是	是	是	是	是	是
行业固定效应	是	是	是	是	是	是

注：（1）＊表示 $p < 10\%$ 、＊＊表示 $p < 5\%$ 、＊＊＊表示 $p < 1\%$ ；（2）估计系数下括号内是稳健标准误；（3）Chow Test 主要选择了回归结果 2 基准回归的研究中回归结果显著的变量，包括流通业发展整体水平、流通业发展结构、流通业发展效率，对其在异质性回归中的估计系数进行了差异性检验；（4）基于回归结果的研究结论，主要是流通业发展整体水平、流通业发展结构、流通业发展效率表现出显著的影响国家价值链经济增长效应的作用。因此，异质性检验部分本书主要针对这三方面对流通业作用进行研究。

资料来源：作者整理。

依次比较第（1）列、第（4）列，第（2）列、第（5）列，第（3）列、第（6）列的结果可以看出，针对国家价值链的作用，在高水平市场环境中，区分不同价值链构建类型与价值链参与类型的国家价值链，均表现出了相较于在低水平市场环境中对于经济增长更为明显的异质性影响。具体而言，在高水平市场环境中的单一型国家价值链后向参与和复合型国家价值链前向参与的估计系数分别显著为负和正，且均显著高于在低水平市场环境中的估计结果。针对流通业发展的直接作用，仅有流通业发展整体水平的估计系数在高水平市场环境中显著为正。针对流通业发展的间接作用，流通业发展整体水平对于国家价值链经济增长效应的影响，在不同市场环境水平中并未表现出明显的差异；流通业发展结构在不同市场环境水平中均显现出了对于单一型国家价值链前向参与和复合型国家价值链前向参与经济增长效应的积极影响，并且在高水平市场环境中这一积极影响体现得更为明显；流通业发展效率同样在高水平市场坏境中表现出了更为显著的放大复合型国家价值链后向参与的经济增长积极作用的影响。

这一分市场环境异质性结果提示，无论是流通业发展对于地区经济增长的直接影响，还是国家价值链与流通业发展互动关系下对于地区经济增长的间接影响，均在高水平市场环境中得到了更为明显的显现。

4.4　本章小结

本章的基本研究问题关注点在于，区分价值链构建类型和价值链参与类型的国家价值链经济增长效应及其潜在的作用机制，并在此基础上进一步引入了流通业发展的视角，考察流通业发展对国家价值链经济增长效应的影响。

研究发现：第一，区分价值链构建类型和价值链参与类型的国家价值链对于经济增长存在着异质性影响。具体而言，国家价值链对于地区经济增长的正向作用主要是由复合型国家价值链的前向参与所引致的，并且国家价值链主要是通过提升专业化水平和资源配置优化、推动技术溢出、加强产业关联三个潜在机制发挥对经济增长的正向作用。上述实证研究结论在一系列的稳健性检验与内生性修正下仍然成立。进一步分行业、分区域、分市场环境的异质性检验结果显示，在不同要素密集型行业、经济区域、市场环境下国家价值链的经济增长效应存在差异。具体而言，国家价值链参与对经济增长的影响在劳动密集型行业中体现得更为明显；以复合型国家价值链前向参与为主的国家价值链对于经济增长的积极影响在中部与西部区域体现得更为明显；在高水平市场环境下，国家价值链的经济增长效应更为明显。

第二，在考虑流通业发展的因素后，区分价值链构建类型和价值链参与类型的国家价值链对于经济增长的异质性影响仍然存在。流通业发展整体水平，以及流通业发展细分维度中的流通业发展规模、流通业发展设施对于经济增长均具有直接的积极作用，而流通业发展结构和流通业发展效率虽然并未显现出对于经济增长直接的显著积极作用，但其分别通过"纠偏"单一型国家价值链对于经济增长的抑制效应，以及"激发"复合型国家价值链后向参与对于经济增长的积极效应，实现对于经济增长间接的推动作用。上述研究结论在一系列稳健性检验与内生性修正下仍然成立。进一步分行业、分区域、分市场环境的异质性检验结果显示：（1）在非劳动密集型行业中，流通业发展对于经济增长的直接促进作用得到了更为明显的显现，但在劳动密集型行业中，流通业发展的间接作用更为明显，即流通业发展将更为显著地推动劳动密集型行业的国家价值链经济增长效应显现；（2）流通业发展对于经济增长的直接促进作用在东部与中部区域得到了更为显著的表现，而间接作用则主要集中在中部与西部区域；（3）无论是流通业发展对于地区经济增长的直接影响，还是国家价值链与流通业发展互动关系下对于地区经济增长的间接影响，均在高水平市场环境中得到了更为明显的显现。

| 第 5 章 |

拓展分析（一）：互联网发展的门限效应

5.1 拓展分析背景

互联网的出现与普及不仅极大程度上推动了全球价值链的发展，而且业已成为发达国家控制全球价值链的技术基础。与全球价值链类似，中国国家价值链的构建同样有赖于互联网发展水平的提升。近年来，中国大力推动互联网等信息技术发展，党的二十大报告明确指出要"加快发展数字经济，促进数字经济和实体经济深度融合，打造具有国际竞争力的数字产业集群"。

当前，中国国内商品市场运行水平已有明显提升，但面对更趋激烈的外部国际竞争，以及国内流通业仍然存在的企业规模偏小、运行效率偏低等问题，如何实现"建设大市场、发展大商贸、搞活大流通"的目标，更进一步发挥流通业助推国家价值链经济增长效应释放的积极作用，是一个极具现实意义与挑战性的问题。事实上，在当前加快形成新发展格局的现实背景下构建、优化国家价值链分工体系，更加依赖流通业的数字化转型提供有力支撑，即在流通业发挥服务国家价值链运行的基础作用之余，借助互联网等信息技术实现流通业转型升级，为国家价值链运行进一步提质增效、聚势赋能，助益实现推动地区经济增长的目标。

立足这一现实背景，本章旨在引入互联网发展的门限效应进行拓展分析，主要考察在不同的互联网发展水平阶段内，流通业对于国家价值链经济增长效应是否存在异质性影响，并探究其潜在的作用机制。

5.2　理论分析

在数字经济时代，对于以"云管端"为核心的基础设施而言，如果说"云"代表为终端客户提供的云端服务综合，"端"代表连接网络的终端设备，则"管"代表着"云"与"端"之间的连接，以互联网为代表的"管"在数字经济的基础设施建设中起到了起承转合的作用，它决定了信息采集、传递、搜索的过程，可能影响流通业数字化转型的进程，进而可能使得流通业在不同互联网发展水平阶段产生对于国家价值链经济增长效应的异质性影响。

具体而言，当互联网普及程度较低时，数字信息的数量与质量都存在着较大提升空间，正如通信理论中的"拜占庭将军"（Byzantine failures）问题所指出的，如果互联网参与者数量小于某一阈值，信息传播中的干扰与错误几乎不可避免（Awerbuch et al.，2002）。错误的数字信息可能给生产环节带来干扰，引发资源误置、生产浪费等现象，进而可能降低流通业的运行效率，并阻碍其服务国家价值链经济增长效应的作用发挥。因此，在互联网普及初期，流通业可能难以有效实现数字化转型，表现在这一发展水平阶段的数字信息与技术对于流通业的推动作用有限，从而流通业可能难以发挥对于国家价值链经济增长效应的积极影响。

数字信息作为数字经济时代的一项关键生产要素，有别于传统农业与工业经济时代的土地、能源等生产要素，具有共享性、再生性、倍增性等典型特征，即数字信息可以实现多主体共享，且在使用过程中不仅不会发生损耗，甚至可能在传递使用过程中实现价值增值，以及产生新的信息（裴长洪等，2018；谢莉娟等，2020）。而互联网作为基础的技术平台，利用网络发送和接收即时消息，极大改善、改进了信息传递、采集与搜索的方式（Afuah and Tucci，2003），从而使得数字信息的上述特征又将通过互联网的不断普及得以呈现和放大，换言之，伴随着互联网普及程度的提升，数字信息的质量与数量均将得到提高（Czernich et al.，2011；张永林，2016）。与此同时，需要注意的是，在互联网的发展过程中通常会伴随明显的网络效应，即互联网在最初发展阶段通常会经历一段引入期，此时互联网的普及扩散较慢，但当互联网使用人数达到一定临界水平后，将迎来互联网使用人数的爆炸性增长。这种非线性的增长模式是由正反馈机制引起的，即伴随用户安装数目的增加，会有越来越多的用户发现使用互联网的价值，并开始使用互联网（Shapiro and Varian，1998；Rogers，2002）[1]。

因此，受到互联网发展非线性特征的影响，流通业对于国家价值链经济增长效应的影响可能在不同互联网发展水平阶段表现出异质性。伴随着互联网普及程度的上升，借助高质量数字信息的使用，将有益于流通业实现数字化转型升级，提高流通业效率，降低流通成本。流通业数字化转型的具体表现，如供应链由"推式"向"拉式"的转变、实体商品流通和虚拟商品流通的融合发展，等，这些变化均有助于拓宽传统流通业的空间规模、提高传统流通业运行效率。更进一步地，流通业借助数字要素与互联网信息技术将可能推动零售端业务流程与生产端制造方式的重组革新，实现集约流通，优化整合上下游业务流程，进而助益构建更为高效的地区间生产合作、资源配置的国家价值链分工体系。因此，伴随着互联网普及程度的上升，流通业借助互联网将助益其实现数字化转型目标，从而可能实现流通业对于国家价值链经济增长效应的积极作用。

但需要注意的是，互联网普及程度的上升并不必然意味着将带来流通业

---

① 根据卡茨和夏皮罗（Katz and Shapiro，1985）的定义，网络（正）外部性是指使用人数对产品效应的正向影响，根据正反馈机制的不同，其可以分为两种类型，即直接网络效应与间接网络效应。但应当注意的是，上述网络效应的分类是相对的，一个具有网络外部性特征的主体可能同时具有以上两种类型的网络效应，并且不同来源的网络效应间可能相互强化（朱彤，2004）。互联网就是一个具有直接与间接网络效应的典型代表。具体而言，互联网的直接效应体现在，对于互联网使用者而言，网络普及度提升将进一步丰富网络平台信息资源，进而提升互联网使用者的效用，即互联网用户使用互联网的效用将随着互联网使用人数的增加而增加。互联网情境下的这种直接网络效应又被称为"梅特卡夫原则"（Metcalfe's law），即互联网价值与用户数的平方成正比，互联网使用者越多，价值就越大。与此同时，受到消费端规模经济效应的影响，互联网普及度提升又将吸引更多的互联网资源供应商与通信终端设备制造商进入市场，这将有益于互联网空间信息内容的增加以及网络终端设备使用成本的下降，最终使互联网使用者效用得到有效提升，从这一角度出发，互联网技术具有间接网络效应。

对于国家价值链经济增长效应的持续助推作用。一方面，品牌厂商为维持各地区经销代理商的销售激励有效性，其主导设立的"分区而治"的销售策略可能难以被互联网的普及所打破（谢莉娟和张昊，2015），并且品牌厂商甚至具有借助数字要素和互联网信息技术强化其"分区而治"销售策略的动力与可能。另一方面，流通企业可能基于互联网技术实现"反市场整合"的行为。互联网的普及促进了数字要素获取条件的优化，从而可能使得某些流通企业更"便捷"地通过互联网技术和数字要素资源的使用提升其市场竞争地位，例如，通过消费者信息实现差异化定价策略的制定，实现在不同消费市场中的价格歧视（Chevalier and Kashyap，2014；谢莉娟等，2018）。因此，当互联网普及程度突破适度水平时，可能使得流通业在数字化转型过程出现"数据反噬"现象，从而阻碍流通业对于国家价值链经济增长效应发挥正向影响。

综上所述，互联网作为数字经济时代的关键基础设施，将深刻影响流通业数字化转型的质量，从而可能进一步影响流通业对于国家价值链经济增长效应的正向作用发挥。受到数字信息特征以及流通企业经营行为的影响，互联网一方面可能通过影响数字信息的数量与质量，另一方面可能通过影响流通企业的经营行为，进而影响流通业对于国家价值链经济增长效应的作用发挥，从而表现出在不同互联网发展水平阶段内，流通业对于国家价值链经济增长效应的异质性影响。

5.3　模型构建与变量测度

5.3.1　模型构建

结合前面理论分析，流通业发展可能在不同的互联网发展水平阶段存在对于国家价值链经济增长效应的异质性作用，并且由于互联网存在显著的网络效应特征，这种作用可能呈现非线性特征。鉴于此，本书将进一步针对互联网作用于流通发展水平对国家价值链与经济增长的影响展开检验。

考虑到互联网发展潜在的非线性特征，本书将利用面板门限回归模型（threshold autoregressive model）进行检验，该模型是一种非线性计量模型，可以视作"分组检验"的一种扩展形式。具体而言，单门限回归模型如式（5-1）、式（5-2）所示：

$$
\begin{aligned}
\mathrm{GDP}_{i,r,t} = {}& \alpha_0 + \alpha_1 \mathrm{NVC1U}_{i,r,t} + \alpha_2 \mathrm{NVC1D}_{i,r,t} + \alpha_3 \mathrm{NVC2U}_{i,r,t} + \alpha_4 \mathrm{NVC2D}_{i,r,t} \\
& + \alpha_5 \mathrm{Distri}_{i,r,t} + \alpha_6 \mathrm{Distri}_{i,r,t} \times \mathrm{NVC1U}_{i,r,t} + \alpha_7 \mathrm{Distri}_{i,r,t} \times \mathrm{NVC1D}_{i,r,t} \\
& + \alpha_8 \mathrm{Distri}_{i,r,t} \times \mathrm{NVC2U}_{i,r,t} + \alpha_9 \mathrm{Distri}_{i,r,t} \times \mathrm{NVC2D}_{i,r,t} + \gamma_n \mathrm{controls}_{i,r,t} \\
& + \mathrm{D}_i + \mathrm{D}_r + \mathrm{D}_t + \varepsilon_{i,r,t}, \quad \mathrm{Internet}_{i,t} \leqslant \eta
\end{aligned}
\tag{5-1}
$$

$$
\begin{aligned}
\mathrm{GDP}_{i,r,t} = {}& \alpha_0 + \alpha_1 \mathrm{NVC1U}_{i,r,t} + \alpha_2 \mathrm{NVC1D}_{i,r,t} + \alpha_3 \mathrm{NVC2U}_{i,r,t} + \alpha_4 \mathrm{NVC2D}_{i,r,t} \\
& + \alpha_5 \mathrm{Distri}_{i,r,t} + \alpha_6 \mathrm{Distri}_{i,r,t} \times \mathrm{NVC1U}_{i,r,t} + \alpha_7 \mathrm{Distri}_{i,r,t} \times \mathrm{NVC1D}_{i,r,t} \\
& + \alpha_8 \mathrm{Distri}_{i,r,t} \times \mathrm{NVC2U}_{i,r,t} + \alpha_9 \mathrm{Distri}_{i,r,t} \times \mathrm{NVC2D}_{i,r,t} + \gamma_n \mathrm{controls}_{i,r,t} \\
& + \mathrm{D}_i + \mathrm{D}_r + \mathrm{D}_t + \varepsilon_{i,r,t}, \quad \mathrm{Internet}_{i,t} > \eta
\end{aligned}
\tag{5-2}
$$

其中，下标 i、r 和 t 分别代表地区、行业和年份；Internet 是门限变量互联网；η 是门限值；Distri × NVC1U、Distri × NVC1D、Distri × NVC2U、Distri × NVC2D 是门限效应变量，即流通业发展整体水平及各细分维度（包括流通业发展规模、流通业发展结构、流通业发展效率、流通业发展设施）与单一型国家价值链前向参与与后向参与、复合型国家价值链前向参与与后向参与的交互项。控制变量 controls 与第 4 章的回归设定相同。当互联网（Internet）的发展水平不高于 η 时，模型为式（5-1），而当互联网（Internet）的水平高于 η 时，模型为式（5-2）。若使用示性函数 I{ · }，式（5-1）、式（5-2）可以简化为式（5-3）：

$$
\begin{aligned}
\mathrm{GDP}_{i,r,t} = {}& \alpha_0 + \alpha_1 \mathrm{NVC1U}_{i,r,t} + \alpha_2 \mathrm{NVC1D}_{i,r,t} + \alpha_3 \mathrm{NVC2U}_{i,r,t} + \alpha_4 \mathrm{NVC2D}_{i,r,t} \\
& + \alpha_5 \mathrm{Distri}_{i,r,t} + \alpha_6 \mathrm{Distri}_{i,r,t} \times \mathrm{NVC1U}_{i,r,t} \mathrm{I}\{ \mathrm{Internet}_{i,t} > \eta \} \\
& + \alpha_7 \mathrm{Distri}_{i,r,t} \times \mathrm{NVC1D}_{i,r,t} \mathrm{I}\{ \mathrm{Internet}_{i,t} > \eta \} \\
& + \alpha_8 \mathrm{Distri}_{i,r,t} \times \mathrm{NVC2U}_{i,r,t} \mathrm{I}\{ \mathrm{Internet}_{i,t} > \eta \} \\
& + \alpha_9 \mathrm{Distri}_{i,r,t} \times \mathrm{NVC2D}_{i,r,t} \mathrm{I}\{ \mathrm{Internet}_{i,t} > \eta \} \\
& + \alpha_{10} \mathrm{Distri}_{i,r,t} \times \mathrm{NVC1U}_{i,r,t} \mathrm{I}\{ \mathrm{Internet}_{i,t} \leqslant \eta \} \\
& + \alpha_{11} \mathrm{Distri}_{i,r,t} \times \mathrm{NVC1D}_{i,r,t} \mathrm{I}\{ \mathrm{Internet}_{i,t} \leqslant \eta \}
\end{aligned}
$$

$$+ \alpha_{12} \text{Distri}_{i,r,t} \times \text{NVC2U}_{i,r,t} I\{\text{Internet}_{i,t} \leq \eta\}$$

$$+ \alpha_{13} \text{Distri}_{i,r,t} \times \text{NVC2D}_{i,r,t} I\{\text{Internet}_{i,t} \leq \eta\}$$

$$+ \gamma_n \text{controls}_{i,r,t} + D_i + D_r + D_t + \varepsilon_{i,r,t} \qquad (5-3)$$

进一步地，需要对模型是否存在门限效应进行检验并估计门限值。具体思路为：第一，通过组内变换消除个体固定效应后，计算最小化残差平方和 $S_i(\eta)$ 下的门限估计值 η；第二，使用 LR 统计量 $(S_0 - S_1)/\hat{\sigma_1^2}$ 对假设 H_0：$\alpha_6 = \alpha_{10}$，H_1：$\alpha_6 \neq \alpha_{10}$、$H_0$：$\alpha_7 = \alpha_{11}$，$H_1$：$\alpha_7 \neq \alpha_{11}$、$H_0$：$\alpha_8 = \alpha_{12}$，$H_1$：$\alpha_8 \neq \alpha_{12}$、$H_0$：$\alpha_9 = \alpha_{13}$，$H_1$：$\alpha_9 \neq \alpha_{13}$ 进行检验。其中，S_0 是无门限模型中的残差平方和，S_1 和 $\hat{\sigma_1^2}$ 分别是单门限模型中的残差平方和与误差项方差估计值。LR 统计量经验分布通过自举法（bootstrap）模拟获得，本书将自举次数设定为 500 次。需要说明的是，通过重复以上步骤，可以对是否存在多个门限值的情况进行检验。

5.3.2 变量测度与数据来源

5.3.2.1 互联网发展

本书采用省级互联网普及率指标，即年末常住人口中互联网上网人数占比对互联网发展水平进行度量。

5.3.2.2 互联网发展的中国现实

图 5-1 展示了 2000~2022 年中国网民规模与互联网普及率的发展情况。可以看出，网民规模与互联网普及率均呈现逐年增长的趋势。在 2000 年，中国互联网上网人数仅有 2250 万人，互联网普及率仅为 1.78%；2022 年，中国互联网上网人数与互联网普及率已分别达到 106700 万人和 75.58%，相较于 2000 年，分别增长了 46.4 倍和 41.5 倍。从互联网普及率增速的变化来看，增速较快的时期集中在 2000~2010 年，年增速均高于 17%，且在 2002 年、2007 年、2001 年增速分别高达 74.24%、52.49%、48.74%，2012~2022 年，互联网增速放缓，均仅维持在 10% 以下水平的增速。

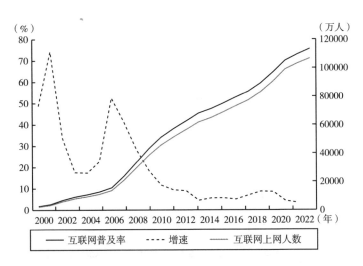

图 5 - 1   2000～2022 年中国网民规模与总体互联网普及率

资料来源：作者整理。

表 5 - 1 展示了 2002 年、2010 年、2016 年中国各省份（除港澳台地区）的互联网普及率及排名情况。从互联网普及率的排名情况来看，互联网普及率较高的省份集中在东部沿海地区，以及京津地区。以 2016 年为例，互联网普及率排名前 5 位的省份依次是北京、上海、广东、福建、浙江，互联网普及率均在 64% 以上。此外，结合互联网普及率排名变动可以看出，虽然各省份互联网普及率均有显著提升，但在相对排名上部分省份有较明显降低，例如，黑龙江从 2002 年的第 12 位下降为 2016 年的第 21 位，湖南从 2002 年的第 13 位下降为 2016 年的第 25 位，云南从 2002 年的第 21 位下降为 2016 年的第 31 位，青海、西藏的互联网普及率相对排名则有了较为明显的提升，2002 年对应排名仅分别为第 29 位和第 31 位，2016 年排名分别跃升至第 11 位和第 23 位。

表 5 - 1　　　　　**2002 年、2010 年、2016 年中国分省份互联网普及率**　　　　单位:%

省份	2002 年		2010 年		2016 年		排名变动
	互联网普及率	排名	互联网普及率	排名	互联网普及率	排名	
上海	19.61	1	53.80	2	74.01	2	↓
北京	18.69	2	62.08	1	77.77	1	↑

续表

省份	2002 年		2010 年		2016 年		排名变动
	互联网普及率	排名	互联网普及率	排名	互联网普及率	排名	
天津	12.71	3	49.88	6	63.96	6	↓
辽宁	10.49	4	43.79	7	62.61	7	↓
福建	7.19	5	50.04	5	69.13	4	↑
浙江	6.68	6	51.15	3	64.97	5	↑
广东	6.47	7	50.99	4	72.95	3	↑
吉林	4.37	8	32.11	17	51.30	16	↓
江苏	4.25	9	42.01	8	56.42	8	↑
河北	4.05	10	30.54	18	52.96	12	↓
山西	3.95	11	34.97	10	55.27	9	↑
黑龙江	3.57	12	29.40	20	48.30	21	↓
湖南	3.27	13	26.59	24	44.17	25	↓
宁夏	3.15	14	27.65	21	50.22	20	↓
山东	3.08	15	34.75	12	52.35	13	↑
陕西	3.03	16	34.67	13	52.16	14	↑
海南	2.99	17	34.87	11	51.25	17	—
江西	2.82	18	21.29	31	44.32	24	↓
湖北	2.68	19	33.21	16	51.13	18	↑
新疆	2.41	20	37.48	9	54.05	10	↑
云南	2.40	21	22.19	29	39.66	31	↓
广西	2.26	22	26.59	23	45.74	22	—
河南	2.21	23	25.70	25	43.12	28	↓
甘肃	2.05	24	25.59	26	42.18	30	↓
重庆	1.99	25	34.32	14	51.05	19	↑
安徽	1.74	26	23.37	28	43.92	26	—
四川	1.55	27	24.84	27	43.27	27	—
内蒙古	1.43	28	30.22	19	52.02	15	↑
青海	1.13	29	33.39	15	53.96	11	↑
贵州	1.12	30	21.59	30	42.87	29	↑
西藏	1.12	31	27.00	22	45.02	23	↑

注：排名变动表示各省份 2016 年互联网普及率全国排名位次相较于 2002 年互联网普及率全国排名位次的变化情况。

资料来源：作者整理。

5.4　回归结果

5.4.1　基准回归

表 5 - 2 报告了门限效应存在性的检验结果，以及相应的门限阈值估计。可以看出，所有单门限与双门限的检验结果均至少通过了 10% 水平的显著性检验，而三门限的检验结果均不显著，这说明互联网对于流通业发展整体水平、流通业发展规模、流通业发展结构、流通业发展效率、流通业发展设施与国家价值链的交互项均存在双门限效应。

表 5 - 2　　　　　　　　　互联网阈值的估计与检验

H_0	H_1	F 值	门限值	95% 置信区间	结论
门限效应变量： 流通业发展整体水平 × 单一型国家价值链前向参与 流通业发展整体水平 × 单一型国家价值链后向参与 流通业发展整体水平 × 复合型国家价值链前向参与 流通业发展整体水平 × 复合型国家价值链后向参与					
门限数 = 0	门限数 = 1	43.53 **	55.87	[54.41, 55.88]	接受 H_1
门限数 = 1	门限数 = 2	48.85 ***	18.39； 21.06	[16.50, 21.25]； [19.09, 21.06]	接受 H_1
门限数 = 2	门限数 = 3	38.56	55.87	[54.41, 55.88]	拒绝 H_1
门限效应变量： 流通业发展规模 × 单一型国家价值链前向参与 流通业发展规模 × 单一型国家价值链后向参与 流通业发展规模 × 复合型国家价值链前向参与 流通业发展规模 × 复合型国家价值链后向参与					
门限数 = 0	门限数 = 1	29.74 *	55.87	[51.55, 55.88]	接受 H_1
门限数 = 1	门限数 = 2	34.97 *	19.09； 21.06	[15.97, 21.06]； [16.50, 21.25]	接受 H_1
门限数 = 2	门限数 = 3	29.98	55.87	[54.08, 55.88]	拒绝 H_1

续表

H₀	H₁	F 值	门限值	95%置信区间	结论

门限效应变量：
流通业发展结构×单一型国家价值链前向参与
流通业发展结构×单一型国家价值链前向参与
流通业发展结构×复合型国家价值链前向参与
流通业发展结构×复合型国家价值链后向参与

H₀	H₁	F 值	门限值	95%置信区间	结论
门限数 = 0	门限数 = 1	26.44*	55.88	[53.06, 56.51]	接受 H₁
门限数 = 1	门限数 = 2	22.39*	21.09；23.06	[17.97, 23.06]；[18.50, 23.25]	接受 H₁
门限数 = 2	门限数 = 3	16.05	55.87	[27.50, 56.51]	拒绝 H₁

门限效应变量：
流通业发展效率×单一型国家价值链前向参与
流通业发展效率×单一型国家价值链后向参与
流通业发展效率×复合型国家价值链前向参与
流通业发展效率×复合型国家价值链后向参与

H₀	H₁	F 值	门限值	95%置信区间	结论
门限数 = 0	门限数 = 1	28.24*	54.08	[53.47, 55.34]	接受 H₁
门限数 = 1	门限数 = 2	25.59*	14.08；34.62	[13.47, 15.34]；[26.75, 34.97]	接受 H₁
门限数 = 2	门限数 = 3	11.18	73.42	/	拒绝 H₁

门限效应变量：
流通业发展设施×单一型国家价值链前向参与
流通业发展设施×单一型国家价值链前向参与
流通业发展设施×复合型国家价值链前向参与
流通业发展设施×复合型国家价值链后向参与

H₀	H₁	F 值	门限值	95%置信区间	结论
门限数 = 0	门限数 = 1	45.20**	55.87	[53.90, 55.88]	接受 H₁
门限数 = 1	门限数 = 2	49.04***	18.39；21.06	[16.50, 21.25]；[19.09, 21.06]	接受 H₁
门限数 = 2	门限数 = 3	39.62	55.87	[53.90, 55.88]	拒绝 H₁

注：***、**、*依次表示在1%、5%、10%的统计水平上显著。
资料来源：作者整理。

　　表5-3展示了对应不同门限效应变量的互联网门限值，在样本期内划分的各互联网普及阶段内的省份数目变动情况。

表5-3　　　　　　中国分省份互联网发展水平变动情况　　　　　　单位：个

互联网发展水平	2007 年	2010 年	2012 年	2015 年
针对流通业发展整体水平与国家价值链交互项				
低互联网水平	13	0	0	0
中等互联网水平	3	0	0	0
高互联网水平	14	30	30	30
针对流通业发展规模与国家价值链交互项				
低互联网水平	15	0	0	0
中等互联网水平	1	0	0	0
高互联网水平	14	30	30	30
针对流通业发展结构与国家价值链交互项				
低互联网水平	17	0	0	0
中等互联网水平	1	0	0	0
高互联网水平	12	30	30	30
针对流通业发展效率与国家价值链交互项				
低互联网水平	7	0	0	13
中等互联网水平	17	12	3	3
高互联网水平	6	18	27	14
针对流通业发展设施与国家价值链交互项				
低互联网水平	13	0	0	0
中等互联网水平	3	0	0	0
高互联网水平	14	30	30	30

资料来源：作者整理。

根据门限检验结果，本书将样本期内的各省份按照互联网普及率门限值划分为三个区间，以观察不同互联网普及率水平区间内的样本数量变化。其中：（1）针对流通业发展整体水平与国家价值链交互项的互联网普及率门限水平划分，低互联网水平：$0 \leq$ Internet ≤ 18.39，中等互联网水平：$18.39 <$ Internet ≤ 21.06，高互联网水平：$21.06 \leq$ Internet；（2）针对流通业发展规模与国家价值链交互项的互联网普及率门限水平划分，低互联网水平：$0 \leq$ Internet ≤ 19.09，中等互联网水平：$19.09 <$ Internet ≤ 21.06，高互联网水平：$21.06 \leq$ Internet；（3）针对流通业发展结构与国家价值链交互项的互联网普及率门限水平划分，低互联网水平：$0 \leq$ Internet ≤ 21.09，中等互联网水平：

21. 09 ＜ Internet ≤ 23. 06，高互联网水平：23. 06 ≤ Internet；（4）针对流通业发展效率与国家价值链交互项的互联网普及率门限水平划分，低互联网水平：0 ≤ Internet ≤ 14. 08，中等互联网水平：14. 08 ＜ Internet ≤ 34. 62，高互联网水平：34. 62 ≤ Internet；（5）针对流通业发展设施与国家价值链交互项的互联网普及率门限水平划分，低互联网水平：0 ≤ Internet ≤ 18. 39，中等互联网水平：18. 39 ＜ Internet ≤ 21. 06，高互联网水平：21. 06 ≤ Internet。

以针对流通业发展整体水平与国家价值链交互项为门限效应变量的互联网普及率门限水平划分的结果为例，可以看出，在样本期内，中国互联网普及率有了极大提升，在 2007 年，13 个省份的互联网普及率处在低互联网水平区间，3 个省份的互联网普及率处在中等互联网水平区间，14 个省份的互联网普及率处在高互联网水平区间。而至 2010 年，全部省份的互联网普及率即均处于高互联网水平区间。

表 5 - 4 的回归结果报告了在不同互联网发展水平阶段内，流通业发展对于国家价值链经济增长效应发挥的异质性影响。可以看出，流通业发展在门限变量互联网的不同取值区间内对于国家价值链经济增长效应的影响呈现出异质性特征。

表 5 - 4　　　　　拓展分析（一）：互联网发展的门限效应

变量	（1）	（2）	（3）	（4）	（5）
	流通业发展整体水平	流通业发展规模	流通业发展结构	流通业发展效率	流通业发展设施
低互联网水平					
$Distri_n \times NVC1U$	- 36. 11 **	24. 07	- 20. 21 ***	- 11. 32 **	- 24. 65 **
	(17. 54)	(14. 79)	(7. 334)	(5. 087)	(11. 68)
$Distri_n \times NVC2U$	- 20. 16	- 23. 63 *	19. 24 ***	- 4. 719	- 16. 65
	(15. 06)	(12. 71)	(5. 527)	(6. 041)	(10. 99)
$Distri_n \times NVC1D$	5. 971	13. 21	- 3. 091	- 6. 497	- 2. 239
	(12. 01)	(11. 01)	(3. 020)	(4. 460)	(8. 573)
$Distri_n \times NVC2D$	- 50. 83 ***	- 54. 33 ***	2. 766	- 7. 639	- 33. 76 **
	(16. 72)	(13. 98)	(3. 071)	(5. 033)	(13. 31)

续表

变量	(1) 流通业发展 整体水平	(2) 流通业发展 规模	(3) 流通业发展 结构	(4) 流通业发展 效率	(5) 流通业发展 设施
中等互联网水平					
$Distri_n \times NVC1U$	435.5 ** (171.5)	383.9 ** (173.3)	34.62 * (19.15)	2.621 (4.266)	333.1 ** (137.1)
$Distri_n \times NVC2U$	315.9 ** (156.0)	172.2 (120.0)	14.99 (23.09)	8.013 ** (3.140)	245.9 * (125.9)
$Distri_n \times NVC1D$	179.0 *** (53.68)	238.5 ** (114.5)	55.04 *** (21.16)	11.54 *** (4.069)	140.7 *** (38.93)
$Distri_n \times NVC2D$	59.89 (59.05)	142.9 (130.0)	80.67 *** (23.22)	14.42 *** (4.381)	45.94 (43.42)
高互联网水平					
$Distri_n \times NVC1U$	6.915 (10.41)	14.70 (12.25)	− 17.90 ** (8.227)	8.451 (16.04)	13.74 (10.89)
$Distri_n \times NVC2U$	− 3.817 (14.01)	− 13.19 (15.04)	38.39 ** (16.19)	22.09 (29.06)	− 8.700 (13.71)
$Distri_n \times NVC1D$	− 0.160 (5.517)	6.918 (7.682)	1.143 (3.206)	− 18.87 (16.28)	− 1.766 (6.950)
$Distri_n \times NVC2D$	− 5.782 (5.136)	− 1.224 (5.162)	− 9.964 (6.054)	36.78 ** (14.96)	− 6.810 (5.665)
常数项	377.0 ** (147.1)	543.6 *** (154.0)	332.9 ** (162.4)	313.5 ** (147.0)	396.7 *** (147.3)
N	1920	1920	1920	1920	1920
R^2	0.363	0.368	0.334	0.328	0.354
控制变量	控制	控制	控制	控制	控制
时间固定效应	控制	控制	控制	控制	控制
地区固定效应	控制	控制	控制	控制	控制
行业固定效应	控制	控制	控制	控制	控制

注：（1）＊表示 p < 10%、＊＊表示 p < 5%、＊＊＊表示 p < 1%；（2）估计系数下括号内是稳健标准误；（3）核心解释变量单一型国家价值链前向参与、单一型国家价值链后向参与、复合型国家价值链前向参与、复合型国家价值链后向参与，以及机制变量流通发展的估计系数结果与第4章的结论保持一致；（4）第（1）列、第（2）列、第（3）列、第（4）列、第（5）列的 $Distri_n$ 依次表示流通业发展整体水平、流通业发展规模、流通业发展结构、流通业发展效率、流通业发展设施。

资料来源：作者整理。

第 5 章 拓展分析 (一): 互联网发展的门限效应

　　具体而言, 针对流通业发展整体水平与国家价值链的交互项, 当互联网普及程度处在低水平阶段时, 流通业发展整体水平难以发挥对国家价值链经济增长效应的促进作用, 甚至显现出对其的抑制作用。但在中等互联网普及阶段内, 流通业发展整体水平则表现出促进国家价值链发挥经济增长积极作用的显著影响, 主要表现在 "放大" 复合型国家价值链前向参与、"激发" 单一型国家价值链前向参与对于经济增长的正向作用, 以及 "减轻" 单一型国家价值链后向参与对于经济增长的负面影响。然而在高互联网普及阶段内, 流通业发展整体水平对于国家价值链经济增长效应显著的促进作用却又悄然 "消失"。

　　更进一步围绕四个细分维度的流通业发展水平与国家价值链的交互项展开分析, 包括流通业发展规模、流通业发展结构、流通业发展效率、流通业发展设施与国家价值链的交互项。回归结果显示, 与流通业发展整体水平和国家价值链的交互项类似, 在不同互联网普及程度的发展阶段内各细分维度的流通业发展水平同样表现出了对于国家价值链经济增长效应的异质性影响, 并且仅在互联网普及率处于中等水平阶段时, 各细分维度的流通业发展水平将发挥对于国家价值链经济增长效应的促进作用, 但具体作用又随国家价值链构建类型与参与类型的不同存在差异。

　　具体而言, 针对流通业发展规模与国家价值链的交互项, 在中等互联网普及阶段内, 流通业发展规模的积极影响主要作用于单一型国家价值链, 包括 "放大" 单一型国家价值链前向参与对于经济增长的正向作用, 以及 "减轻" 单一型国家价值链后向参与对于经济增长的负面影响。针对流通业发展结构与国家价值链的交互项, 在中等互联网普及阶段内, 流通业发展结构的积极影响则表现为 "激发" 复合型国家价值链后向参与和单一型国家价值链前向参与对于经济增长的正向作用, 以及 "减轻" 单一型国家价值链后向参与对于经济增长的负面影响。针对流通业发展效率与国家价值链的交互项, 在中等互联网普及阶段内, 流通业发展效率的积极影响则主要表现在 "放大" 和 "激发" 复合型国家价值链前向参与和后向参与对于经济增长的正向作用, 以及 "减轻" 单一型国家价值链后向参与对于经济增长的负面影响。针对流通业发展设施与国家价值链的交互项, 在中等互联网普及阶段

· 145 ·

内，流通业发展设施同样能够"减轻"单一型国家价值链后向参与对于经济增长的负面影响，并且"放大"复合型国家价值链前向参与、"激发"单一型国家价值链前向参与对于经济增长的正向作用。

上述回归结果看似复杂，但基于前面的理论机制分析，可以较好地对该现象背后的经济学逻辑进行解释。具体而言，互联网发展一方面将影响数字信息的质量与数量，因此，伴随着互联网普及程度的上升，将有利于流通业实现高效的数字化转型，从而促使流通业助益国家价值链经济增长效应释放的积极作用得以发挥；另一方面，受到国内市场流通企业不同经营动机的影响，当互联网普及程度达到高水平阶段时，流通业数字化转型可能产生"数字反噬"现象，从而表现为流通业对于国家价值链经济增长效应的助推作用"消失"。

这一回归结果显示，伴随互联网普及率的提升，流通业对于国家价值链经济增长效应的助推作用将得以显现，但与此同时，也应当注意防范流通企业借助数字技术工具改变经营决策行为，进而为国家价值链发挥经济增长促进效应带来潜在的抑制作用。因此，应考虑通过制定相关的产业政策，规范流通企业的生产经营行为，以在高互联网普及程度下进一步释放流通业对于国家价值链经济增长效应的助推作用。

5.4.2 稳健性检验与内生性修正

本章基准回归的结果表明，在控制相关变量，以及年份、地区、行业固定效应的基础上，在互联网普及程度的不同发展阶段内，流通业发展对于国家价值链发挥经济增长作用的影响将呈现异质性特征。仅当互联网普及程度处于中等发展阶段时，流通业发展将实现促进国家价值链发挥经济增长效应的显著正向作用。为验证这一回归结果的可信度，本书进一步进行了稳健性检验与内生性修正，表 5 - 5 和表 5 - 6 报告了具体的稳健性与内生性检验结果。

（1）替换变量。与第 4 章的做法类似，为避免变量测度的不同方法可能带来的回归结果的不同，本书替换使用分地区—行业的人均实际国内生产总值作为被解释变量。表 5 - 5 的回归结果显示，在替换使用人均实际国内生产总值的测度变量后，回归结论仍保持稳健不变。

表 5 - 5　　　　　　　　　稳健性检验：替换被解释变量

变量	被解释变量：人均实际国内生产总值				
	（1）	（2）	（3）	（4）	（5）
	流通业发展整体水平	流通业发展规模	流通业发展结构	流通业发展效率	流通业发展设施
低互联网水平					
$Distri_n \times NVC1U$	3.699 (47.70)	- 56.52 ** (27.11)	- 34.30 ** (14.39)	- 25.76 ** (11.57)	20.27 (25.40)
$Distri_n \times NVC2U$	- 15.25 (29.54)	- 54.08 ** (21.16)	- 201.8 (146.2)	- 12.72 * (7.675)	- 34.81 * (18.72)
$Distri_n \times NVC1D$	77.71 (47.62)	37.93 (28.37)	- 17.48 * (9.198)	2.044 (9.965)	8.113 (28.50)
$Distri_n \times NVC2D$	- 40.78 (34.08)	- 59.10 ** (25.83)	3.472 (6.054)	- 0.239 (5.685)	4.733 (13.77)
中等互联网水平					
$Distri_n \times NVC1U$	25.45 (20.90)	48.99 ** (20.14)	- 0.530 (54.47)	5.843 (7.389)	35.63 * (21.42)
$Distri_n \times NVC2U$	17.87 (23.10)	37.79 (23.94)	35.41 *** (11.11)	26.61 *** (6.928)	- 1.180 (29.22)
$Distri_n \times NVC1D$	41.21 *** (15.46)	52.26 ** (21.52)	159.0 (99.03)	1.065 (9.551)	45.96 ** (22.59)
$Distri_n \times NVC2D$	20.44 * (11.98)	18.86 (13.26)	201.6 * (121.8)	41.91 *** (15.26)	33.46 ** (15.18)
高互联网水平					
$Distri_n \times NVC1U$	- 22.57 (24.41)	- 21.74 (30.44)	- 18.14 (20.12)	- 61.18 (42.57)	- 16.86 (24.75)
$Distri_n \times NVC2U$	- 0.223 (43.29)	- 43.29 (43.65)	34.79 (35.42)	- 177.9 * (91.93)	- 5.750 (47.82)

被解释变量：人均实际国内生产总值					
变量	（1） 流通业发展 整体水平	（2） 流通业发展 规模	（3） 流通业发展 结构	（4） 流通业发展 效率	（5） 流通业发展 设施
$Distri_n \times NVC1D$	40.28 (26.67)	-22.42 (24.56)	4.355 (8.354)	-81.61* (44.50)	-56.41 (35.01)
$Distri_n \times NVC2D$	-42.84 (27.33)	-33.16 (24.48)	-25.36 (20.52)	-83.84** (33.73)	-47.47 (30.95)
常数项	366.2 (275.4)	621.5** (282.1)	260.8 (278.0)	71.91 (274.5)	421.6 (278.9)
N	1920	1920	1920	1920	1920
R^2	0.290	0.298	0.282	0.279	0.283
控制变量	控制	控制	控制	控制	控制
时间固定效应	控制	控制	控制	控制	控制
地区固定效应	控制	控制	控制	控制	控制
行业固定效应	控制	控制	控制	控制	控制

注：（1）*表示 $p < 10\%$、**表示 $p < 5\%$、***表示 $p < 1\%$；（2）估计系数下括号内是稳健标准误；（3）互联网门限检验结果显示均存在双门限效应，针对流通发展整体水平和价值链交互项，低互联网水平为 0~21.06%，中等互联网水平为 21.06%~55.34%，高互联网水平为 55.34%~100%；针对流通发展规模和价值链交互项，低互联网水平为 0~21.25%，中等互联网水平为 21.25%~54.08%，高互联网水平为 54.08%~100%；针对流通发展结构和价值链交互项，低互联网水平为 0~55.88%，中等互联网水平为 55.88%~62.32%，高互联网水平为 62.32%~100%；针对流通发展效率和价值链交互项，低互联网水平为 0~16.21%，中等互联网水平为 16.21%~54.08%，高互联网水平为 54.08%~100%；针对流通发展设施和价值链交互项，低互联网水平为 0~40.45%，中等互联网水平为 40.45%~55.34%，高互联网水平为 55.34%~100%；（4）核心解释变量单一型国家价值链前向参与、单一型国家价值链后向参与、复合型国家价值链前向参与、复合型国家价值链后向参与，以及机制变量流通发展的估计系数结果与第4章的结论保持一致；（5）第（1）列、第（2）列、第（3）列、第（4）列、第（5）列的 $Distri_n$ 依次表示流通业发展整体水平、流通业发展规模、流通业发展结构、流通业发展效率、流通业发展设施。

资料来源：作者整理。

（2）内生性检验。为避免面板门限回归估计由于内生性带来的估计偏误问题，本书已经通过控制可能影响地区经济增长水平的相关变量，以及时间、地区、行业维度固定效应等方法进行一定程度上的化解，但考虑到面板门限回归估计量无偏的一个关键前提假设是，门限效应变量应为外生的。因此，本书将进一步对门限效应变量流通发展水平与国家价值链的交互项是否外生进行检验。

　　具体检验思路为，仍然以分地区—分行业的国内生产总值作为被解释变量，以官员籍贯联系和官员流动联系与整体以及细分维度的流通发展水平的交互项作为工具变量，在运用面板数据工具变量两阶段最小二乘法（IV-2SLS）进行回归后，使用吴-豪斯曼 F 检验（Wu-Hausman F Test）与杜宾-吴-豪斯曼卡方检验（Durbin-Wu-Hausman Chi-sq Test）对门限效应变量的内生性进行检验。表 5-6 展示了具体的检验结果。可以看出，检验结果表明，流通发展整体水平以及细分维度的流通发展水平与国家价值链的交互项作为门限效应变量均为外生的。

表 5-6　　　　　　　　　　　门限效应变量的内生性检验

	H₀：门限效应变量是外生的				
	（1）	（2）	（3）	（4）	（5）
检验门限效应变量	流通业发展整体水平×价值链	流通业发展规模×价值链	流通业发展结构×价值链	流通业发展效率×价值链	流通业发展设施×价值链
工具变量	Birthplace1×Distri、Birthplace2×Distri、Turnover1×Distri、Turnover2×Distri				
F	0.1276	0.1392	0.6602	0.1863	0.7522
Chi-sq	0.1216	0.1239	0.6491	0.1662	0.7453

　　注：表中的 F 统计量为吴-豪斯曼 F 检验（Wu-Hausman F Test），卡方统计量为杜宾-吴-豪斯曼卡方检验（Durbin-Wu-Hausman Chi-sq Test），表中的数据均为统计量的 P 值。

　　资料来源：作者整理。

5.5　本章小结

　　本章在第 4 章基本研究问题的基础上，结合中国国内互联网发展与流通业现代化转型的客观情境，引入互联网发展的门限效应进行拓展分析。具体而言，本章首先介绍了引入互联网进行拓展分析的现实背景，并从互联网发展、数字信息质量、流通业数字化转型等多维度，针对互联网对于流通业影响国家价值链经济增长效应显现的作用机制展开分析。在此基础上，通过构造门限效应回归模型，实证检验了在不同互联网发展水平阶段下，流通业发展对于国家价值链经济增长效应的影响。

研究发现，在不同的互联网发展水平阶段内，流通业存在着对于国家价值链经济增长效应的异质性影响。具体而言，当且仅当互联网普及率处于中等水平阶段时，整体以及各细分层面的流通业发展水平将发挥对于国家价值链经济增长效应的促进作用。这一研究结论经稳健性检验与内生性修正后，仍然成立。

第 6 章

拓展分析（二）：全球价值链的互动效应

6.1　拓展分析背景

20 世纪 90 年代，伴随着信息通信技术的高速发展，在经济全球化、贸易自由化的背景下，全球价值链分工与贸易往来日益频繁，并且具有以发达国家占据价值链中高端地位，发展中国家位处价值链中低端地位的鲜明特征，即发达国家聚焦核心能力于产品研究开发、市场营销等高附加值核心环节，而将加工组装等低附加值非核心环节转移外包给更具比较优势的发展中国家。

但值得肯定的是，在全球价值链分工背景下，发展中国家通过承接发达国家的制造生产环节转移，收获了前所未有的发展机遇。以亚洲"四小龙"等为典型代表的国家和地区凭借生产性服务业发达、成本低廉的比较优势，通过参与全球价值链，加速了本国生产制造平台的搭建，并且受益于全球价值链的先进技术与知识资本的溢出，成功实现了经济增长。然而也有一些发展中国家在参与全球价值链的过程中，并未把握先进生产技术的学习和赶超机会，也未成功构建本国的主导产业，当进入劳动、土地等生产要素成本红利消失的发展阶段时，由于难以应对发达国家将加工制造中心转移的调整，从而陷入本国产业空心化的发展危机。因此，参与全球价值链是否能为一国经济发展带来"福祉"，实际上与一国自身的发展基础与市场环境紧密相关。

自改革开放以来，中国东部沿海地区率先凭借劳动、土地低廉的成本优势，承接了大批来自发达国家的加工制造环节转移，以代工生产的方式成功实现了全球价值链嵌入。依托全球价值链参与，积极融入经济全球化，如今中国已成为世界重要的加工制造基地，并且从 2013 年起便占据世界第一大出口国的地位。但如果从参与全球价值链分工所创造的增加值与贸易利得来看，中国的表现却"黯然失色"。事实上，虽然通过广泛嵌入全球价值链，中国经济借力全球化红利获得了强大增长动能，其对经济增长的积极作用是毋庸置疑的，但中国企业在全球价值链中的嵌入地位不高，以加工贸易为主的参与方式使之长期锁定在"微笑曲线"的中段位置，价值链分工主要收益由发达国家掌握的价值分配层面的反差也是无可争辩的。

因此，为应对中国劳动、土地等生产要素成本红利逐渐消失的客观发展趋势，以及当前国际社会已经出现的贸易保护主义重新抬头的风云变幻之势和世界市场中潜伏着的不稳定性和不确定性的严峻挑战，应注重从当前现实出发，依托国内大市场主动加强经济"内循环"，以培育推进高水平的对外开放、积极参与国际经济循环的持续动力，助力中国经济实现长远发展，"于变局中开新局"。

立足这一现实背景，本章旨在结合全球价值链参与的现实背景，展开针对全球价值链是否存在与国家价值链、流通业发展及经济增长的互动效应的拓展分析。在兼顾全球价值链与国家价值链的情境下，考察全球价值链对于经济增长的直接作用，以及流通业发展对于全球价值链经济增长效应显现的间接作用。

6.2　理论分析

综合当前阶段全球经济增速放缓，世界市场萎缩的外部现实挑战，以及内需潜力不断释放，工业生产能力日益增强的内部客观优势，如何发挥强大国内市场的规模优势、依托门类齐全的制造业生产能力、积极融入全球价值链、实现全球价值链地位攀升目标、构建国内国际经济互联互通新机制，对于加快形成新发展格局具有重要意义。

具体而言，国家价值链分工体系的搭建，可以被视作基于培育强大国内市场、充分发挥本国市场分工优势和内需潜力的现实考虑（盛斌等，2020），这在加快构建以国内经济大循环为主体的背景下具有突出意义，也是顺应分工深化和中国大国经济地位提升的战略必然之选。但不可否认的是，全球价值链构建的重要性也不容忽视。要实现新发展格局下的双循环，需要在风云变幻的国际形势下，畅通生产、分配、交换、消费各环节，培育国内国际市场竞争合作契机；通过积极参与全球价值链，实现中国作为世界主要经济体更为积极地融入全球市场的发展目标；坚持扩大高水平开放与市场化改革深化，为全球市场输出高质量的中国创造产品。

与此同时，在双循环新发展格局下，要实现"国内国际双循环"的发展目标、发挥全球价值链对于经济增长的积极作用，也有赖于流通业的进一步发展。具体而言，一方面，流通业作为连接生产与消费的基础性产业，通过打造跨境电商平台、全球物流体系等流通服务体系，将有益于打破国内外市场边界，促进国内循环与国外循环的深度接轨，从而直接促进全球价值链对于地区经济增长正向作用的显现。另一方面，流通业发展水平与国内市场发育的健全程度紧密相关，流通业发展水平的提升将有助于强大国内市场目标的实现。这实际上反映了流通业的支柱性作用，现代流通业的发展绝不仅仅意味着简单的货物流转，更承担着完善市场秩序、优化市场环境、推动资源合理配置、统一国内市场等重要功能。因此，流通业发展水平的提升还可能通过优化国内市场环境和促进良好的市场秩序形成，从而间接促进全球价值链对于地区经济增长积极效应的释放。

综上所述，在当前双循环新发展格局下，继续加深全球价值链的参与水平对于中国经济增长有着重要意义。与此同时，流通业无论是从基础性还是支柱性角度对于全球价值链经济增长效应的发挥都可能起到"放大"作用。

6.3 模型构建与变量测度

6.3.1 模型构建

本部分在理论机制分析的基础上，对全球价值链进行定量测度，并展开拓展分析，进一步探讨国家价值链、全球价值链、流通业发展水平与地区经济增长之间的互动关系。具体通过构建国家价值链、全球价值链与流通业发展水平的交互项模型，以分析在综合考虑国家价值链、全球价值链与流通业发展水平的现实发展情境下，价值链对于地区经济增长的影响，以及流通业发展水平在这一过程中发挥的作用。

$$
\begin{aligned}
GDP_{i,r,t} = {} & \beta_0 + \beta_1 NVC1U_{i,r,t} + \beta_2 NVC1D_{i,r,t} + \beta_3 NVC2U_{i,r,t} + \beta_4 NVC2D_{i,r,t} \\
& + \beta_5 Distri_{i,r,t} + \beta_6 GVC_{i,r,t} + \beta_7 Distri_{i,r,t} \times NVC1U_{i,r,t} + \beta_8 Distri_{i,r,t} \\
& \times NVC1D_{i,r,t} + \beta_9 Distri_{i,r,t} \times NVC2U_{i,r,t} + \beta_{10} Distri_{i,r,t} \times NVC2D_{i,r,t} \\
& + \beta_{11} Distri_{i,r,t} \times GVC_{i,r,t} + \gamma_n controls_{i,r,t} + D_i + D_r + D_t + \varepsilon_{i,r,t}
\end{aligned}
$$

$$(6-1)$$

可以看出，模型（6-1）在第4章的模型（4-4）的基础上，进一步加入了全球价值链贸易强度 GVC，及其与流通业发展水平的交互项 Distri × GVC。其余变量设定与第4章的模型（4-4）一致。

6.3.2 变量测度与数据来源

6.3.2.1 全球价值链贸易强度

针对全球价值链贸易强度，本书在利用库普曼等（2010）的方法对国内各地区出口中的国外增加值来源进行分解的基础上展开测算。具体而言，计算涉及的向量与矩阵包括 M、E、X、L。与前面章节的设定相一致，M^i 为 $1 \times G$ 阶向量，E^i、X^i 为 $G \times 1$ 阶向量，L^{ij} 为 $G \times G$ 阶矩阵。

为分解各地区出口中的国外增加值，需定义一种向量与矩阵的乘法计算 $\otimes$。若为 $1 \times G$ 阶的（行）向量 $\otimes G \times G$ 阶的矩阵，运算规则为将 $1 \times G$ 阶的（行）向量的第 i 列乘以 $G \times G$ 阶的矩阵的第 i 行，具体表示如下：

$$
[g_1, g_2 \cdots g_G]_{1 \times G} \otimes
\begin{bmatrix}
g_{11} & g_{12} & \cdots & g_{1G} \\
g_{21} & g_{22} & \cdots & g_{2G} \\
\vdots & \vdots & \vdots & \vdots \\
g_{G1} & g_{G2} & \cdots & g_{GG}
\end{bmatrix}_{G \times G}
=
\begin{bmatrix}
g_1 g_{11} & g_1 g_{12} & \cdots & g_1 g_{1G} \\
g_2 g_{21} & g_2 g_{22} & \cdots & g_2 g_{2G} \\
\vdots & \vdots & \vdots & \vdots \\
g_G g_{G1} & g_G g_{G2} & \cdots & g_G g_{GG}
\end{bmatrix}_{G \times G}
$$

$$(6-2)$$

若为 $G \times G$ 阶的矩阵 $\otimes G \times 1$ 阶的（列）向量，运算规则为将 $G \times G$ 阶的矩阵的第 j 列乘以 $G \times 1$ 阶的（列）向量的第 j 行，具体表示如下：

$$
\begin{bmatrix}
g_{11} & g_{12} & \cdots & g_{1G} \\
g_{21} & g_{22} & \cdots & g_{2G} \\
\vdots & \vdots & \vdots & \vdots \\
g_{G1} & g_{G2} & \cdots & g_{GG}
\end{bmatrix}_{G \times G}
\otimes
\begin{bmatrix}
g_1 \\
g_2 \\
\vdots \\
g_G
\end{bmatrix}_{G \times 1}
=
\begin{bmatrix}
g_{11}g_1 & g_{12}g_2 & \cdots & g_{1G}g_G \\
g_{21}g_1 & g_{22}g_2 & \cdots & g_{2G}g_G \\
\vdots & \vdots & \vdots & \vdots \\
g_{G1}g_1 & g_{G2}g_2 & \cdots & g_{GG}g_G
\end{bmatrix}_{G \times G}
$$

$$(6-3)$$

在使用计算方法 $\otimes$ 时应注意，行向量的阶数应等于矩阵的行阶数，列向量的阶数应等于矩阵的列阶数。在此基础上，通过计算 $M \otimes L \otimes E$，即可得到分地区分行业的出口中的国外增加值：

$$
\begin{bmatrix} M^1 & M^2 & \cdots & M^N \end{bmatrix}
\otimes
\begin{bmatrix}
L^{11} & L^{12} & \cdots & L^{1N} \\
L^{21} & L^{22} & \cdots & L^{2N} \\
\vdots & \vdots & \vdots & \vdots \\
L^{N1} & L^{N2} & \cdots & L^{NN}
\end{bmatrix}
\otimes
\begin{bmatrix}
E^1 \\
E^2 \\
\vdots \\
E^N
\end{bmatrix}
$$

$$
=
\begin{bmatrix}
M^1 L^{11} E^1 & M^1 L^{12} E^2 & \cdots & M^1 L^{1N} E^N \\
M^2 L^{21} E^1 & M^2 L^{22} E^2 & \cdots & M^2 L^{2N} E^N \\
\vdots & \vdots & \vdots & \vdots \\
M^N L^{N1} E^1 & M^N L^{N2} E^2 & \cdots & M^N L^{NN} E^N
\end{bmatrix}
$$

$$(6-4)$$

其中，$M \otimes L \otimes E$ 的对角元素 $M^i L^{ii} E^i$ 表示地区 i 出口中的本地进口增加值；非对角线元素 $M^i L^{ij} E^j$（且 $i \neq j$）表示地区 j 出口中的国内其他地区进口增加值。通过将 $M \otimes L \otimes E$ 分列求和，并将获得的结果记为 MLE，可以得到分地区分行业的出口中的进口增加值的数额。可知 MLE^i 为 $1 \times G$ 阶向量，并可得地区 i 行业 r 的出口中的进口增加值即对应 MLE^i 的第 r 列，记作 GFV_r^i。进一步地，可得分地区分行业的全球价值链贸易强度：

$$GT = MLE/(X)' \qquad (6-5)$$

可知，GT^i 为 $1 \times G$ 阶向量，并可得地区 i 行业 r 的全球价值链贸易强度即对应 GT^i 的第 r 列，记作 GVC_r^i。需要说明的是，与第 4 章的处理一致，本书针对 2007 年、2010 年、2012 年、2015 年中国（除港澳台地区、西藏自治区）的 30 个省份 16 个细分制造业行业的全球价值链贸易强度进行测算。

6.3.2.2 全球价值链贸易强度的特征事实

（1）分省份层面的全球价值链贸易强度。表 6－1 展示了 2007 年、2010 年、2012 年、2015 年中国（除港澳台地区、西藏自治区）的 30 个省份的全球价值链贸易强度平均水平。

表 6－1　　　　2007 年、2010 年、2012 年、2015 年中国分省份全球
价值链贸易强度平均水平

省份	2007 年	2010 年	2012 年	2015 年	平均	排名	变动情况
北京	0.068	0.045	0.026	0.051	0.047	5	↓
天津	0.084	0.039	0.039	0.039	0.050	3	↓
河北	0.030	0.027	0.007	0.008	0.018	17	↓
山西	0.015	0.018	0.002	0.016	0.013	22	↑
内蒙古	0.014	0.008	0.012	0.006	0.010	27	↓
辽宁	0.053	0.037	0.016	0.021	0.032	10	↓
吉林	0.032	0.020	0.005	0.003	0.015	19	↓
黑龙江	0.044	0.038	0.011	0.011	0.026	12	↓
上海	0.124	0.079	0.090	0.121	0.103	1	↓
江苏	0.073	0.051	0.032	0.023	0.045	7	↓
浙江	0.071	0.051	0.038	0.039	0.050	4	↓
安徽	0.024	0.024	0.007	0.004	0.015	20	↓
福建	0.064	0.041	0.042	0.037	0.046	6	↓
江西	0.010	0.018	0.006	0.008	0.011	26	↓
山东	0.026	0.040	0.017	0.014	0.024	13	↓
河南	0.009	0.016	0.007	0.012	0.011	25	↑
湖北	0.012	0.014	0.016	0.003	0.011	23	↓
湖南	0.011	0.015	0.002	0.002	0.007	30	↓
广东	0.150	0.070	0.105	0.088	0.103	2	↓
广西	0.031	0.030	0.012	0.012	0.021	14	↓

续表

省份	2007 年	2010 年	2012 年	2015 年	平均	排名	变动情况
海南	0.058	0.037	0.017	0.066	0.044	8	↑
重庆	0.015	0.013	0.001	0.015	0.011	24	—
四川	0.015	0.021	0.012	0.007	0.014	21	↓
贵州	0.014	0.008	0.007	0.008	0.009	29	↓
云南	0.015	0.038	0.001	0.029	0.021	15	↑
陕西	0.017	0.018	0.035	0.002	0.018	16	↓
甘肃	0.039	0.014	0.006	0.002	0.015	18	↓
青海	0.021	0.008	0.002	0.007	0.010	28	↓
宁夏	0.013	0.010	0.004	0.092	0.030	11	↑
新疆	0.082	0.052	0.017	0.006	0.039	9	↓

资料来源：作者整理。

　　具体而言，第一，从全球价值链贸易强度平均水平上可以看出，全球价值链贸易强度平均水平较高的省份包括上海、广东、天津、浙江、北京，而全球价值链贸易强度平均水平较低的省份包括湖南、贵州、青海、内蒙古、江西，即全球价值链贸易强度平均水平较高的省份主要集中在沿海地区和京津地区，而中西部地区的全球价值链贸易强度平均水平整体较低。第二，从全球价值链贸易强度的变动情况上可以看出，30 个省份中，除山西、河南、海南、云南、宁夏外，其余省份 2015 年的全球价值链贸易强度相较于 2007 年均有所降低，反映出全球价值链贸易强度总体下降的趋势。更进一步对比 2015 年相较于 2007 年的全球价值链贸易强度降幅可知，甘肃、新疆、吉林、陕西、安徽表现出了相对更为显著的下降趋势。全球价值链贸易强度下降表示地区流出中来自国外进口的增加值比重在降低，全球价值链贸易强度呈现降低趋势的可能原因在于：一方面，各地区参与国家价值链分工的程度不断加深，从而反映在总流出中以全球价值链分工参与方式所创造的增加值占比相对降低；另一方面，可能由于各地区参与全球价值链分工"地位"的逐步攀升，即更多地从以组装加工等价值链低端环节转向以研发、营销等高附加值的价值链高端环节。

　　（2）分行业层面的全球价值链贸易强度。表 6－2 展示了 2007 年、2010

年、2012 年、2015 年中国 16 个细分制造业行业的全球价值链贸易强度平均
水平。

表 6 - 2 　　　　2007 年、2010 年、2012 年、2015 年中国分行业全球
价值链贸易强度平均水平

行业序号	2007 年	2010 年	2012 年	2015 年	平均	排名	变动情况
1	0.006	0.004	0.005	0.004	0.004	16	↓
2	0.050	0.035	0.023	0.026	0.033	4	↓
3	0.039	0.027	0.034	0.032	0.033	5	↓
4	0.032	0.020	0.020	0.020	0.023	8	↓
5	0.021	0.010	0.018	0.020	0.017	11	↓
6	0.014	0.007	0.011	0.008	0.010	14	↓
7	0.023	0.017	0.013	0.011	0.016	12	↓
8	0.008	0.006	0.007	0.010	0.008	15	↑
9	0.020	0.013	0.008	0.022	0.015	13	↑
10	0.032	0.024	0.022	0.031	0.027	6	↓
11	0.037	0.023	0.020	0.025	0.026	7	↓
12	0.025	0.017	0.013	0.016	0.018	10	↓
13	0.043	0.029	0.028	0.035	0.034	3	↓
14	0.133	0.124	0.055	0.082	0.099	1	↓
15	0.146	0.097	0.032	0.048	0.081	2	↓
16	0.029	0.026	0.008	0.010	0.018	9	↓

　　注：行业序号 1 ~ 16 依次对应的行业为：（1）食品制造及烟草加工业、（2）纺织业、（3）纺织
服装鞋帽皮革羽绒及其制品业、（4）木材加工及家具制造业、（5）造纸印刷及文教体育用品制造
业、（6）石油加工炼焦及核燃料加工业、（7）化学工业、（8）非金属矿物制品业、（9）金属冶炼及
压延加工业、（10）金属制品业、（11）通用专用设备制造业、（12）交通运输设备制造业、（13）电
气机械及器材制造业、（14）通信设备计算机及其他电子设备制造业、（15）仪器仪表及文化办公用
机械制造业、（16）其他制造业。
　　资料来源：作者整理。

　　具体而言，第一，从全球价值链贸易强度平均水平上可以看出，全球价
值链贸易强度平均水平较高的行业包括通信设备计算机及其他电子设备制造
业、仪器仪表及文化办公用机械制造业、电气机械及器材制造业；而全球价
值链贸易强度平均水平较低的行业包括石油加工炼焦及核燃料加工业、非金
属矿物制品业、食品制造及烟草加工业。可以看出，技术密集型行业的全球

价值链贸易强度平均水平相对较高，而自然资源密集型行业的全球价值链贸易强度平均水平则相对较低。第二，从全球价值链贸易强度的变动情况上可以看出，除了非金属矿物制品业、金属冶炼及压延加工业两个行业外，2015年剩余14个细分制造业行业的全球价值链贸易强度相较于2007年均有所降低，降幅最高的三个行业为仪器仪表及文化办公用机械制造业、其他制造业、化学工业。

6.4　回归结果

6.4.1　基准回归

针对全球价值链对于地区经济增长究竟会带来怎样影响，以及流通业发展是否能够发挥对于全球价值链经济增长效应显现的正向影响的问题，表6－3给出了相应的经验证据。

表6－3　　　　　　　拓展分析（二）：全球价值链的互动效应

变量	（1）流通业发展整体水平	（2）流通业发展规模	（3）流通业发展结构	（4）流通业发展效率	（5）流通业发展设施
NVC1D	− 11.465 * (6.590)	− 6.363 (7.329)	− 8.627 (6.043)	− 8.120 (5.943)	− 10.472 (6.894)
NVC1U	− 1.825 (7.867)	0.379 (8.266)	− 3.955 (5.573)	− 1.193 (5.902)	0.782 (7.861)
NVC2D	− 5.457 (4.317)	− 1.853 (4.365)	− 0.934 (3.821)	− 1.312 (3.891)	− 6.422 (4.905)
NVC2U	19.901 * (10.231)	12.592 (10.800)	24.177 *** (5.779)	20.079 *** (6.513)	15.981 (10.938)
GVC	13.108 ** (5.126)	14.463 *** (5.361)	14.276 ** (5.710)	16.477 *** (5.460)	12.294 ** (5.266)

续表

变量	(1) 流通业发展 整体水平	(2) 流通业发展 规模	(3) 流通业发展 结构	(4) 流通业发展 效率	(5) 流通业发展 设施
$Distri_n$	102.385 *** (20.031)	140.204 *** (28.725)	20.796 (16.968)	8.480 * (4.567)	59.622 *** (22.640)
$Distri_n \times NVC1U$	4.509 (10.150)	14.992 (11.663)	23.801 *** (5.760)	3.969 (3.244)	11.289 (10.657)
$Distri_n \times NVC2U$	-2.849 (13.736)	-16.416 (12.931)	26.997 *** (5.806)	2.706 (2.531)	-9.445 (12.567)
$Distri_n \times NVC1D$	1.999 (6.719)	7.922 (9.148)	-1.258 (2.975)	4.312 (3.465)	0.800 (8.259)
$Distri_n \times NVC2D$	-4.154 (5.422)	-3.003 (5.455)	-1.512 (3.207)	6.736 ** (3.081)	-3.327 (6.269)
$Distri_n \times GVC$	-1.665 (5.175)	-4.335 (6.004)	1.242 (3.297)	13.290 *** (4.882)	-3.263 (5.397)
常数项	403.275 *** (145.051)	546.316 *** (150.265)	346.565 ** (158.348)	340.041 ** (142.607)	408.821 *** (146.142)
N	1920	1920	1920	1920	1920
R^2	0.335	0.350	0.328	0.323	0.324
控制变量	是	是	是	是	是
年份固定效应	是	是	是	是	是
地区固定效应	是	是	是	是	是
行业固定效应	是	是	是	是	是

注：(1) * 表示 $p < 10\%$、** 表示 $p < 5\%$、*** 表示 $p < 1\%$；(2) 估计系数下括号内是稳健标准误；(3) 第 (1) 列、第 (2) 列、第 (3) 列、第 (4) 列、第 (5) 列的 $Distri_n$ 依次表示流通业发展整体水平、流通业发展规模、流通业发展结构、流通业发展效率、流通业发展设施。

资料来源：作者整理。

表6-3的第 (1) 列~第 (5) 列依次展示了考虑流通业发展整体水平以及细分维度的流通发展水平（包括流通业发展规模、流通业发展结构、流通业发展效率、流通业发展设施）下的国家价值链、全球价值链对于地区经济增长的影响。可以看出，第一，针对国家价值链对于地区经济增长的直接

作用。从第（1）列～第（5）列的回归结果中可以看出，与第 4 章的基准回归结果相类似，在引入全球价值链的情境下，不同构建类型与参与类型的国家价值链仍然表现出了对于地区经济增长的异质性影响。第二，针对全球价值链对于地区经济增长的直接作用。从第（1）列～第（5）列的回归结果中可以看出，全球价值链贸易强度的估计系数均显著为正，说明全球价值链对于地区经济增长存在显著的促进作用。第三，针对流通业发展整体水平以及细分维度的流通业发展水平对于价值链影响地区经济增长所发挥的间接作用。从第（1）列～第（5）列的回归结果中可以看出，流通业发展结构有益于国家价值链对于地区经济增长正向作用的发挥，具体表现在"放大"复合型国家价值链前向参与对于地区经济增长的积极影响，以及促进单一型国家价值链前向参与对于地区经济增长的正向作用释放。而流通业发展效率则主要有益于全球价值链对于地区经济增长正向作用的发挥，即表现为"放大"全球价值链对于地区经济增长的积极影响。此外，流通业发展整体水平、流通业发展规模、流通业发展设施仅表现出了对于地区经济增长的直接积极作用，但对于国家价值链与全球价值链的地区经济增长效应显现并未发挥显著的正向作用。

6.4.2　稳健性检验与内生性修正

第 6.4.1 小节的基准回归结果表明，在控制相关变量，以及年份、地区、行业固定效应的基础上，同时考虑全球价值链、国家价值链对地区经济增长的作用，不同的构建类型与参与类型的国家价值链仍然表现出了对于地区经济增长水平的异质性影响，并且全球价值链对于地区经济增长将发挥显著的正向作用。此外，流通业发展水平提升在有益于地区经济增长的同时，细分维度的流通业发展结构与流通业发展效率还将发挥促进国家价值链、全球价值链对于地区经济增长积极作用的显现。为进一步验证这一回归结果的可信度，本书进一步进行了稳健性检验与内生性修正，表 6－4～表 6－6 报告了具体的稳健性检验与内生性修正结果。需要说明的是，基于基准回归部分的结果，在本节的稳健性检验与内生性修正中，将主要聚焦流通业发展细分维度中的流通业发展结构与流通业发展效率展开分析。

（1）控制潜在遗漏变量。为减轻由于遗漏变量引起的内生性问题带来的估计偏误，本书已在基准回归部分控制了一系列可能影响经济增长的相关变量，以及年份、地区、行业固定效应。为进一步控制可能的潜在遗漏变量，表6-4中的第（1）列、第（4）列首先控制了年份—地区固定效应，以控制地区层面逐年变化的不可观测因素对经济增长的影响；第（2）列、第（5）列在此基础上进一步控制了年份—行业固定效应，以控制行业层面逐年变化的不可观测因素对经济增长的影响；第（3）列、第（6）列则进一步控制了时间趋势项，以控制可观测和不可观测的年份影响。从上述的回归结果中可以看出，回归结果估计系数、显著性和基准回归结果高度一致，回归结果十分稳健。

表6-4   稳健性检验与内生性修正：控制潜在遗漏变量

变量	(1)	(2)	(3)	(4)	(5)	(6)
	流通业发展结构			流通业发展效率		
NVC1D	-8.889 (6.025)	-7.181 (6.065)	-8.898 (6.019)	-8.637 (5.950)	-7.065 (6.006)	-8.661 (5.942)
NVC1U	-5.553 (5.595)	-7.841 (5.337)	-5.401 (5.599)	-3.469 (5.946)	-5.736 (5.682)	-3.299 (5.951)
NVC2D	0.976 (3.659)	2.529 (3.668)	0.920 (3.657)	0.606 (3.664)	1.884 (3.688)	0.549 (3.664)
NVC2U	26.379*** (5.743)	29.250*** (5.724)	26.228*** (5.742)	22.517*** (6.477)	25.098*** (6.443)	22.354*** (6.476)
GVC	12.518** (5.829)	9.920* (5.568)	12.632** (5.832)	14.859*** (5.465)	11.885** (5.211)	15.016*** (5.475)
$Distri_n$	13.389 (15.978)	13.525 (15.846)	14.018 (16.021)	11.245** (4.734)	11.343** (4.718)	11.143** (4.740)
$Distri_n \times NVC1U$	21.457*** (5.658)	22.327*** (5.482)	21.544*** (5.665)	2.404 (3.167)	1.956 (3.042)	2.455 (3.175)
$Distri_n \times NVC2U$	24.192*** (5.750)	25.074*** (5.695)	24.253*** (5.750)	3.860 (2.561)	4.165 (2.635)	3.808 (2.557)

续表

变量	(1)	(2)	(3)	(4)	(5)	(6)
	流通业发展结构			流通业发展效率		
$Distri_n \times NVC1D$	-0.395 (3.068)	-1.006 (3.077)	-0.393 (3.071)	4.842 (3.822)	6.177 (3.861)	4.721 (3.812)
$Distri_n \times NVC2D$	-1.578 (3.219)	-2.150 (3.188)	-1.576 (3.223)	6.384** (3.059)	7.001** (3.064)	6.356** (3.064)
$Distri_n \times GVC$	1.637 (3.462)	0.984 (3.288)	1.649 (3.470)	13.565*** (4.877)	12.809*** (4.875)	13.599*** (4.886)
常数项	-12905.650** (5146.91)	482.079 (6759.857)	-11779.490** (5001.078)	-16514.110*** (5321.605)	-4045.884 (6735.553)	-15353.150*** (5159.661)
N	1920	1920	1920	1920	1920	1920
R^2	0.329	0.337	0.329	0.328	0.334	0.327
控制变量	是	是	是	是	是	是
年份固定效应	—	—	是	—	—	是
地区固定效应	—	—	是	—	—	是
行业固定效应	是	是	是	是	是	是
年份—地区 固定效应	是	是	否	是	是	否
年份—行业 固定效应	否	是	否	否	是	否
时间趋势	否	否	是	否	否	是

注：（1）＊表示 p＜10%、＊＊表示 p＜5%、＊＊＊表示 p＜1%；（2）估计系数下括号内是稳健标准误差；（3）第（1）列、第（2）列、第（3）列和第（4）列、第（5）列、第（6）列的 $Distri_n$ 依次表示流通业发展结构和流通业发展效率。

资料来源：作者整理。

（2）替换估计方法。在基准回归部分使用固定效应模型估计的基础上，进一步替换使用随机效应模型与混合 OLS 模型进行检验。根据表 6 - 5 中的第（1）列~第（4）列的回归结果，复合型国家价值链前向参与和全球价值链的估计系数均显著为正，而单一型国家价值链后向参与的估计系数为负，说明全球价值链有益于地区经济增长，并且国家价值链的不同构建类型以及不同参与方式对于地区经济增长的异质性作用仍然存在。此外，替换估计方法后得到的回归结果同样发现了流通业发展结构与流通业发展效率的显著促进作用，基准回归结论依然成立。

表 6 - 5　　　　　　稳健性检验与内生性修正：替换估计方法和替换指标

变量	(1)	(2)	(3)	(4)	(5)	(6)
	随机效应		混合 OLS		替换指标	
NVC1D	- 7. 723 (5. 539)	- 7. 479 (5. 442)	- 5. 697 (4. 823)	- 6. 109 (4. 573)	- 15. 370 (15. 980)	- 18. 437 (16. 581)
NVC1U	0. 033 (5. 362)	2. 651 (5. 581)	17. 100 *** (6. 349)	18. 090 *** (6. 398)	- 2. 827 (10. 278)	1. 330 (11. 022)
NVC2D	- 0. 027 (4. 212)	- 0. 781 (4. 195)	4. 559 (5. 960)	3. 733 (5. 639)	- 0. 631 (7. 648)	- 4. 870 (8. 517)
NVC2U	24. 033 *** (5. 494)	20. 336 *** (6. 029)	20. 005 *** (5. 774)	17. 976 *** (6. 353)	40. 606 *** (10. 111)	33. 121 *** (11. 644)
GVC	19. 498 *** (4. 758)	21. 883 *** (4. 883)	36. 190 *** (11. 312)	36. 921 *** (8. 475)	30. 310 *** (9. 337)	35. 049 *** (10. 412)
$Distri_n$	20. 855 (17. 054)	8. 075 * (4. 603)	20. 650 (18. 508)	6. 690 (6. 536)	5. 236 (29. 217)	18. 905 ** (8. 244)
$Distri_n \times NVC1U$	- 22. 416 *** (5. 509)	4. 030 (3. 205)	- 16. 228 *** (4. 995)	1. 594 (3. 866)	- 41. 038 *** (10. 371)	1. 529 (6. 427)
$Distri_n \times NVC2U$	26. 768 *** (5. 484)	1. 504 (2. 470)	22. 987 *** (5. 127)	- 2. 373 (3. 289)	47. 615 *** (11. 520)	6. 998 (5. 324)
$Distri_n \times NVC1D$	- 0. 435 (2. 838)	3. 312 (3. 356)	2. 571 (3. 415)	- 1. 841 (3. 688)	- 10. 245 (9. 300)	6. 930 (10. 359)
$Distri_n \times NVC2D$	- 2. 040 (3. 080)	5. 580 * (2. 964)	- 3. 123 (3. 308)	- 0. 203 (3. 922)	- 5. 312 (8. 565)	9. 389 (5. 808)
$Distri_n \times GVC$	2. 184 (2. 980)	10. 067 *** (3. 464)	2. 603 (4. 782)	- 0. 312 (6. 304)	4. 152 (9. 043)	27. 025 *** (9. 951)
常数项	637. 508 *** (222. 143)	660. 484 *** (197. 720)	676. 113 ** (273. 282)	725. 533 *** (259. 718)	241. 740 (274. 446)	216. 839 (267. 735)
N	1920	1920	1920	1920	1920	1920
R^2	0. 631	0. 628	0. 574	0. 572	0. 269	0. 264

续表

变量	(1)	(2)	(3)	(4)	(5)	(6)
	随机效应		混合 OLS		替换指标	
控制变量	是	是	是	是	是	是
年份固定效应	是	是	是	是	是	是
地区固定效应	是	是	是	是	是	是
行业固定效应	是	是	是	是	是	是

注：(1) $*$ 表示 $p<10\%$、$**$ 表示 $p<5\%$、$***$ 表示 $p<1\%$；(2) 估计系数下括号内是稳健标准误；(3) 第 (1) 列、第 (3) 列、第 (5) 列和第 (2) 列、第 (4) 列、第 (6) 列的 $Distri_n$ 依次表示流通业发展结构和流通业发展效率；(4) 第 (5) 列、第 (6) 列的被解释变量为分地区—行业的实际人均国内生产总值。

资料来源：作者整理。

（3）替换变量。本书使用分地区分行业的实际国内生产总值测度被解释变量经济增长，可以反映出经济增长的绝对总量规模，为避免变量测度的不同方法可能带来的回归结果不同，本书进一步替换使用分地区分行业的人均实际国内生产总值作为被解释变量。表 6-5 中的第 (5) 列、第 (6) 列的回归结果显示，在替换使用人均实际国内生产总值的测度变量后，第 6.4.1 小节的基准回归结论仍然保持稳健不变。

（4）内生性问题。同样考虑到国家价值链与地区经济增长水平之间可能由于双向因果关系引发内生性问题，导致系数的估计偏误，本书进一步构建工具变量并使用两阶段最小二乘法进行估计。与第 4 章的工具变量选择与构建方法一致，本书拟选择官员籍贯联系强度与官员流动联系强度作为工具变量。

表 6-6 列为使用工具变量进行两阶段最小二乘法（2SLS）估计的结果。第 (1) 列的工具变量估计的检验结果显示，Kleibergen-Paap rk LM 统计量为 41.07，在 1% 的显著性水平上拒绝工具变量识别不足的原假设。Kleibergen-Paap Wald rk F 统计量为 20.83，大于 Stock-Yogo 弱工具变量 10% 水平临界值，因此，拒绝弱工具变量的原假设。第 (2) 列的工具变量估计的检验结果显示，Kleibergen-Paap rk LM 统计量为 39.24，在 1% 的显著性水平上拒绝工具变量识别不足的原假设。Kleibergen-Paap Wald rk F 统计量为 24.67，大于 Stock-Yogo 弱工具变量 10% 水平临界值，因此，拒绝弱工具变量的原假

设。识别检验的结果均支持了本书选择官员籍贯联系、官员流动联系作为工具变量具有较好的合理性。回归结果显示，在考虑潜在的内生性问题，使用工具变量替换估计的情况下，本书的基本结论仍然成立。

表6－6 　　　　　　　稳健性检验与内生性修正：工具变量估计

变量	(1)	(2)
	工具变量估计	
NVC1D	−5.697 (4.737)	−6.109 (4.492)
NVC1U	17.110 *** (6.235)	18.090 *** (6.284)
NVC2D	4.559 (5.853)	3.733 (5.538)
NVC2U	20.005 *** (5.671)	−0.312 (6.192)
GVC	36.190 *** (11.110)	36.921 *** (8.323)
$Distri_n$	20.650 (18.178)	6.690 (6.419)
$Distri_n \times NVC1U$	16.228 *** (4.906)	1.594 (3.797)
$Distri_n \times NVC2U$	22.987 *** (5.035)	−2.373 (3.230)
$Distri_n \times NVC1D$	2.571 (3.354)	−1.841 (3.622)
$Distri_n \times NVC2D$	−3.123 (3.248)	−0.203 (3.852)
$Distri_n \times GVC$	2.603 (4.697)	17.976 *** (6.240)
常数项	676.113 ** (268.399)	725.533 *** (255.078)

续表

变量	（1）	（2）
	工具变量估计	
N	1920	1920
R^2	0.574	0.572
控制变量	是	是
年份固定效应	是	是
地区固定效应	是	是
行业固定效应	是	是

注：（1）** 表示 $p < 5\%$ 、*** 表示 $p < 1\%$ ；（2）估计系数下括号内是稳健标准误；（3）第（1）列和第（2）列的 $Distri_n$ 依次表示流通业发展结构和流通业发展效率；（4）第（1）列 Hansen 检验 P 值为 0.123，第（2）列 Hansen 检验 P 值为 0.120。

资料来源：作者整理。

6.5　本章小结

　　本章在第 4 章基本研究问题的基础上，结合全球价值链与国家价值链并行发展的客观情境，对全球价值链的互动效应进行拓展分析。具体而言，本章介绍了引入全球价值链进行拓展分析的现实背景，并从全球价值链与国家价值链互动发展、流通业影响全球价值链运行等维度，展开对于全球价值链互动效应的机制分析。在此基础上，通过将全球价值链以及全球价值链与流通业发展的交互项引入基准回归模型，实证研究了国家价值链与全球价值链的经济增长效应，以及流通业发展对于价值链经济增长效应发挥的作用。

　　研究发现，全球价值链对于地区经济增长具有显著的正向作用，并且在引入全球价值链后，不同的构建类型以及参与类型的国家价值链对于经济增长的异质性影响仍然存在。此外，流通业发展水平的提升在有益于地区经济增长的同时，以流通业发展结构与流通业发展效率为代表还将发挥促进国家价值链、全球价值链对于地区经济增长的积极作用显现。这一研究结论经稳健性检验与内生性修正后，仍然成立。

| 第7章 |

研究总结与政策启示

7.1　研究总结

综合当前全球经济增速放缓，世界市场萎缩的外部现实挑战，以及国内内需潜力不断释放，工业生产能力日益增强的内部客观优势，与积极融入全球价值链、寻求地位攀升形成并举和对照，构建国家价值链被视为国家战略之选。此外，在加快形成双循环新发展格局的背景下，流通业发展的作用更加凸显，不仅在于实现国内循环与国际循环的有效对接、深度接轨，也是优化国内市场环境、促进统一市场形成，为实现国内市场有效推动双循环体系构建的目标奠定基础。

本书结合国家价值链不同的构建思路和参与类型，区分单一型和复合型国家价值链的前向参与和后向参与，对中国国家价值链进行测算，着重聚焦中国国家价值链的经济增长效应，以及流通业发展的作用展开分析，并结合互联网普及与全球价值链参与的客观背景，进一步揭示互联网发展的门限效应与全球价值链的互动效应及其潜在的经济逻辑。基于理论分析与实证发现，本书为如何在高水平开放中构建国家价值链、发挥流通业基础支撑作用、促进地区经济增长目标的实现提供了相关政策启示。

本书在既有研究的基础上，对于国家价值链进行了更为细致的测度与现实特征刻画。在研究对象界定方面，本书根据价值链构建类型和参与方式的不同，定义了单一型国家价值链前向参与、单一型国家价值链后向参与、复合型国家价值链前向参与、复合型国家价值链后向参与；在测度方法方面，本书在说明、比较增加值分解测算主流方法的基础上，选择使用 WWZ 方法进行测度，WWZ 方法克服了通常使用的里昂惕夫分解方法的两点不足，可以有效反映总值贸易流量中的国内增加值和重复计算部分的详细信息，以及总值贸易流量中的增加值结构信息。基于 WWZ 方法的测度思路，可以实现对于国家价值链更为准确的定量测度；在数据选取方面，本书使用 2007 年、2010 年、2012 年和 2015 年的中国区域间投入产出表对国家价值链参与度进行测算，实现了对国家价值链测度研究的有益补充。

根据国家价值链测度的结果，本书对中国国家价值链的现实特征进行了详尽刻画。本书分别从分省份层面和分行业层面对中国国家价值链的发展特征进行分析比较，主要得到以下四点研究结论。

（1）针对单一型国家价值链整体参与度。分省份来看，单一型国家价值链参与度较高的省份主要集中在中西部和东北地区，沿海和京津地区的单一型国家价值链参与度则较低。30 个省份中除吉林外，其余省份 2015 年的单一型国家价值链参与度相较于 2007 年均有所提升，反映出单一型国家价值链参与度总体增长的趋势，其中沿海和京津地区的单一型国家价值链参与度增长幅度更高。分行业来看，自然资源型行业的单一型国家价值链参与度相对较高，而技术密集型和劳动密集型行业的单一型国家价值链参与度则相对较低。2015 年全部 30 个细分行业的单一型国家价值链参与度相较于 2007 年均有所提升，仪器仪表及文化办公用机械制造业、租赁和商业服务业、纺织业增幅位列前三位，且增幅均在 180% 以上。

（2）针对复合型国家价值链整体参与度。分省份来看，与单一型国家价值链参与度不同，复合型国家价值链参与度较高的省份主要集中在沿海地区和京津地区，而中西部地区的复合型国家价值链参与度则较低。30 个省份中除上海、福建、山东、宁夏外，其余省份 2015 年的复合型国家价值链参与度相较于 2007 年均有所降低，反映出复合型国家价值链参与度总体下降的趋势，并且降幅较大的省份主要集中在中西部地区，这可能使得中西部地区与沿海、京津地区在复合型国家价值链参与度水平上的差距继续拉大。分行业来看，复合型国家价值链参与度较高的行业以资本密集型行业为主，且均为工业行业，而复合型国家价值链参与度较低的行业主要集中在服务业，这可能与服务业相较于其他行业面临更强的扩大开放限制有关。相较于2007年，2015年共有23个细分行业的复合型国家价值链参与度有所下降，降幅最高的三个行业为煤炭开采和洗选业、电力热力的生产和供应业、石油和天然气开采业，均为自然资源型行业。

（3）针对国家价值链前向参与度。分省份来看，所有省份的单一型国家价值链前向参与度均大于复合型国家价值链前向参与度，并且除安徽、贵州、陕西、甘肃、新疆外，剩余26个省份的单一型国家价值链前向参与度占比均高于复合型国家价值链前向参与度占比。此外，除北京、上海、浙江、安徽、重庆外，剩余25个省份的单一型国家价值链前向参与度占比均高于50%，说明多数省份主要以前向嵌入方式参与单一型国家价值链。河北、山西、内蒙古、黑龙江、湖北、湖南、贵州、云南、陕西、甘肃、青海、新疆的复合型国家价值链前向参与度占比均高于50%，说明这些省份主要以前向嵌入方式参与复合型国家价值链。分行业来看，除通信设备计算机及其他电子设备制造业外，其余行业的单一型国家价值链前向参与度均大于复合型国家价值链前向参与度。30个细分行业的单一型国家价值链前向参与度占比均高于复合型国家价值链前向参与度占比。除纺织服装鞋帽皮革羽绒及其制品业、非金属矿物制品业、通用专用设备制造业、交通运输设备制造业、电气机械及器材制造业、建筑业、研究与试验发展业外，剩余23个行业的单一型国家价值链前向参与度占比均高于50%，说明绝大多数行业参与单一型国家价值链时主要以前向嵌入为主。仅农林牧渔业、煤炭开采和洗选业、石油和天然气开采业、其他服务业这四个行业的复合型国家价值链前向参与度占比高于50%，即主要以前向嵌入方式参与复合型国家价值链。

（4）针对国家价值链后向参与度。分省份来看，中西部地区以下游生产者方式参与单一型国家价值链的程度相对更深，而沿海地区以下游生产者方式参与复合型国家价值链的程度相对更深。分行业来看，单一型国家价值链后向参与度相对更高的行业包括建筑业、食品制造及烟草加工业、煤炭开采和洗选业、非金属矿物制品业、农林牧渔业、住宿餐饮业、其他服务业，而剩余 23 个行业的复合型国家价值链后向参与度则相对更高。此外，建筑业的单一型和复合型国家价值链前向参与度占比均低于 2%，换言之，建筑业无论是单一型还是复合型国家价值链均以后向参与为主，这应该与建筑业的行业特性密切相关。

本书的基本研究问题主要聚焦国家价值链对于地区经济增长的影响，以及流通业发展对于国家价值链经济增长效应的影响。基于中国数据的实证检验，本书主要得到了以下两点研究结论。

（1）不同价值链构建类型和参与类型的国家价值链对于经济增长具有异质性影响，以复合型国家价值链前向参与为主的国家价值链表现出了对于经济增长显著的积极作用。机制检验的结果显示，专业化水平提升和资源配置优化、技术溢出、产业关联是潜在的作用机制。此外，在不同要素密集型行业、经济区域、市场环境下，国家价值链的经济增长效应存在差异。平均而言，在劳动密集型行业、中部与西部区域、高水平市场环境中，国家价值链的经济增长效应更为明显。

（2）流通业发展水平提升，不仅将发挥对于经济增长直接的积极作用，而且还将通过"纠偏"单一型国家价值链的抑制效应，以及"激发"复合型国家价值链后向参与的积极效应，实现对于经济增长间接的推动作用。此外，流通业发展在分行业、分区域、分市场环境中的作用存在差异。在劳动密集型行业中，流通业发展对于国家价值链经济增长效应的促进作用得到了更为显著的释放，而流通业发展的直接作用在非劳动密集型行业中体现得更为明显；类似地，流通业发展对于经济增长的直接作用在东部与中部区域得到了更为明显的表现，而间接作用则主要集中在中部区域与西部区域；无论是国家价值链与流通业发展对于地区经济增长的直接影响，还是国家价值链与流通业发展互动关系下对于地区经济增长的间接影响，均在高水平市场环境中得到了更为明显的体现。

在基本研究问题的基础上，结合中国互联网蓬勃发展推动流通业数字化转型，以及全球价值链与国家价值链并行发展的客观情境，本书进一步围绕互联网发展的门限效应与全球价值链的互动效应，展开拓展分析，并得到了以下两点主要结论。

（1）互联网发展水平对于流通业影响国家价值链经济增长效应的作用显现存在门限效应。在不同的互联网发展水平阶段内，流通业对于国家价值链经济增长效应发挥的影响存在异质性，当且仅当互联网普及率处于适中水平时，整体以及各细分维度的流通业发展水平将发挥对于国家价值链经济增长效应的促进作用。这意味着，虽然在互联网发展水平提升、数字信息价值增值的发展背景下，流通业能够更好地通过数字化转型升级，推动国家价值链运行提质增效、聚势赋能，从而助益实现地区经济增长的目标。但过高的互联网发展水平赋予了流通企业采取"分区而治"销售策略与"反市场整合"行为的更多机会，从而可能削弱流通业发挥对于国家价值链经济增长效应显现的正向影响。

（2）全球价值链对于地区经济增长具有正向影响，并且与流通业发展的互动效应显著。第一，针对价值链与经济增长。在引入全球价值链后，不同价值链构建类型和参与类型的国家价值链对于经济增长的异质性影响仍然存在，并且全球价值链对于地区经济增长具有显著的正向作用。第二，针对流通业发展与价值链的经济增长效应。流通业发展水平提升在助推地区经济增长的同时，以流通业发展结构与流通业发展效率为主还将促进国家价值链、全球价值链对于地区经济增长积极作用的"加速"显现。事实上，流通业作为连接生产与消费的基础性产业，其发展水平的提升不仅将健全国内市场发育、助力强大国内市场，而且也将有益于国内外市场的深度对接，从而实现"放大"全球价值链经济增长效应的作用。

7.2　政策启示

在以欧美等发达国家为代表的贸易保护主义势力重新抬头、后疫情时代全球产业链和供应链面临重构的现实背景下，全球经贸格局的不稳定性、不确定性愈演愈烈。面对国内经济高质量发展与现代化经济体系建设的客观需求，立足中国国内大市场的既有优势，从培育和壮大内需体系出发，推进建设国家价值链分工体系，发挥流通业支撑作用，对于促进国内经济大循环形成和保障中国经济行稳致远具有重大现实意义。基于本书的研究结论，本书提出如下政策启示。

（1）应以建立在国内国际市场联动基础上的复合型国家价值链作为中国国家价值链建设的核心，推动地区经济增长水平的提升。虽然相较于全球价值链，国家价值链的构建能够更好地进行地区间资源整合，发挥区位比较优势，但以国内市场为主导绝不等同于割裂与世界市场的联系，摒弃或脱钩全球价值链的参与。国家价值链与全球价值链并不是对立概念，正确的思路应当是借助全球价值链的参与、融合，加强国家价值链建设，充分发挥国内外产业间关联效应，推动全球价值链在国内市场的延伸，坚持高水平开放与世界市场交流合作，以提高专业化分工水平，积累高端资本，促进国内经济增长。未来应坚持构建以对接世界市场、高水平开放为特征的复合型国家价值链，实现推动地区间经济增长的战略目标。

（2）继续完善市场经济体制，培育价值链分工体系深化的关键资源，为打通国内经济大循环奠定制度基础。企业参与国家价值链分工，一方面在开放经济条件下，可能面临强大的国外竞争对手带来的挤出效应，另一方面由于生产模式调整，往往面临可观的调整费用。为推动更深度的价值链分工与贸易网络形成，增强价值链的关联性与延伸性，促进"内循环"经济发展，应创造良好的可供企业实现重组转型的资本市场机制，同时应尽力完善国内知识产权保护制度，构建社会信用体系，以降低本土企业参与国家价值链的制度成本。此外，推动国家价值链分工体系深化意味着更深入的生产协作关系，这对生产性服务业提出了更高要求，未来应进一步提升包括仓储物流、信息咨询、劳动力培训等生产性服务业的实力。

（3）继续加快现代流通体系构建，促进形成强大国内市场，推动国家价值链经济增长效应的加速显现。应当加强流通基础设施建设，降低流通环节成本；整合与完善国内供应链及分销网络，建立健全保障流通高质量发展的政策体系，提高流通环节运行效率；充分运用现代信息化技术推进流通业创新升级，提升流通业竞争力；完善流通服务生产与消费有效衔接的发展模式，以充分发挥国内市场优势与内需潜力，促进国内经济大循环、推动国家价值链分工体系的构建与深化。此外，还应更好发挥政府作用，激发有为政府对于有效市场的积极作用，促进区域间要素有序自由流动。进一步鼓励地方政府优化营商环境，降低全社会交易成本，助力建设统一开放、竞争有序的国内市场体系。

（4）加大政策支持力度，整合流通业信息资源，避免流通业在高速信息化发展背景下的积极作用"失效"。由于在传统的流通业发展进程中存在着条块分割、各自为政的问题，本书的研究结论启示，受到市场主体不同的互联网发展激励的影响，互联网发展需要有相应的政策配套，否则反而可能阻碍流通业促进国家价值链经济增长效应显现的正向作用发挥。因此，为进一步激发流通业发展支撑价值链经济增长效应释放的效能，协同信息化发展步伐，政府应当适时出台配套政策，以突破条块体制的制约，形成流通业的"大网络""大平台"，提高流通业发展效率，优化流通业发展结构，促进流通业发展助力价值链经济增长效应释放。

（5）推进信息化水平提升，实现信息化助力流通业促进价值链经济增长效应显现的发展目标。虽然整体水平上，无论是从信息通信技术基础建设还是互联网普及率等方面来看，中国信息化发展都取得了长足进步，但应当注意的是，中国信息化水平在地区与行业之间仍然存在较大差异与不平衡。在建设科技强国、网络强国、数字中国、智慧社会的大趋势下，加强互联网等数字化基础设施建设，提升信息化水平，也是助力流通业数字化转型进而促进经济高质量发展的应有之义。因此，为进一步发挥信息化发展助力流通业释放对国家价值链经济增长效应积极作用的正向效果，在注重推进整体信息化水平提升的同时，也应更加重视和带动信息发展滞后地区与行业的信息化发展，避免地区市场之间由于数字鸿沟加剧不平等现象。

参考文献

［1］坂本秀夫. 现代流通的解读［M］. 东京：同友馆，2008.

［2］钞小静，沈坤荣. 城乡收入差距、劳动力质量与中国经济增长［J］. 经济研究，2014，49（6）：30 – 43.

［3］陈启斐，巫强. 国内价值链、双重外包与区域经济协调发展：来自长江经济带的证据［J］. 财贸经济，2018，39（7）：144 – 160.

［4］陈旭，邱斌，刘修岩，李松林. 多中心结构与全球价值链地位攀升：来自中国企业的证据［J］. 世界经济，2019，42（8）：72 – 96.

［5］代谦，何祚宇. 国际分工的代价：垂直专业化的再分解与国际风险传导［J］. 经济研究，2015，50（5）：20 – 34.

［6］戴翔，刘梦，张为付. 本土市场规模扩张如何引领价值链攀升［J］. 世界经济，2017，40（9）：27 – 50.

［7］戴翔. 外向型发展是否影响了服务出口技术含量？——基于企业大样本调研问卷的经验证据［J］. 数量经济技术经济研究，2017，34（1）：40 – 57.

［8］丁俊发. 中国流通［M］. 北京：中国人民大学出版社，2006.

［9］丁宁. 流通企业"走出去"与我国产品价值链创新［J］. 商业经济与管理，2015，35（1）：13 – 18.

［10］丁宁. 流通商主导的供应链战略联盟与价值链创新［J］. 商业经济与管理，2014，34（2）：22 – 28.

［11］杜丹青．现代流通产业经济学［M］．杭州：浙江工商大学出版社，2008．

［12］樊纲，王小鲁，朱恒鹏．中国市场化指数：各省区市场化相对进程 2011 年度报告［M］．北京：经济科学出版社，2011．

［13］樊茂清，黄薇．基于全球价值链分解的中国贸易产业结构演进研究［J］．世界经济，2014，37（2）：50－70．

［14］高涤陈，陶琲．商品流通的若干理论问题［M］．沈阳：辽宁人民出版社，1985．

［15］高敬峰，王彬．国内区域价值链、全球价值链与地区经济增长［J］．经济评论，2020，41（2）：20－35．

［16］高敬峰．中国出口价值链演化及其内在机理剖析［J］．财贸经济，2013，34（4）：98－110．

［17］耿晔强，白力芳．人力资本结构高级化、研发强度与制造业全球价值链升级［J］．世界经济研究，2019，38（8）：88－102＋136．

［18］谷口吉彦．配给组织论［M］．东京：千仓书房，1935．

［19］关爱萍，冯星仑，张强．不同要素密集型制造业集聚特征及变动趋势——来自中国 2000－2014 年的经验证据［J］．华东经济管理，2016，30（10）：95－100．

［20］洪涛．流通产业组织学［M］．北京：经济管理出版社，2011．

［21］贾履让．什么是流通现代化［J］．交通财会，1994，9（3）：16．

［22］蒋为，黄玖立．国际生产分割、要素禀赋与劳动收入份额：理论与经验研究［J］．世界经济，2014，37（5）：28－50．

［23］靳春平．财政政策效应的空间差异性与地区经济增长［J］．管理世界，2007，23（7）：47－56＋171．

［24］黎峰．国内专业化分工是否促进了区域协调发展？［J］．数量经济技术经济研究，2018，35（12）：81－99．

［25］黎峰．进口贸易、本土关联与国内价值链重塑［J］．中国工业经济，2017，35（9）：25－43．

［26］黎峰．全球价值链下的出口产品结构与贸易收益——基于增加值

视角［J］. 世界经济研究，2016，35（3）：86 – 96 + 135 – 136.

［27］黎峰. 双重价值链嵌入下的中国省级区域角色——一个综合理论分析框架［J］. 中国工业经济，2020，38（1）：136 – 154.

［28］黎峰. 增加值视角下的中国国家价值链分工——基于改进的区域投入产出模型［J］. 中国工业经济，2016，34（3）：52 – 67.

［29］黎峰. 中国国内价值链是怎样形成的？［J］. 数量经济技术经济研究，2016，33（9）：76 – 94.

［30］李翠锦，荆逢春. 地理集聚是否影响了地区出口比较优势——基于商业信用的视角［J］. 国际贸易问题，2015，41（5）：11 – 20.

［31］李跟强，潘文卿. 国内价值链如何嵌入全球价值链：增加值的视角［J］. 管理世界，2016，32（7）：10 – 22 + 187.

［32］李胜旗，毛其淋. 制造业上游垄断与企业出口国内附加值——来自中国的经验证据［J］. 中国工业经济，2017，35（3）：101 – 119.

［33］李颖. 中国省域 R&D 资本存量的测算及空间特征研究［J］. 软科学，2019，33（7）：21 – 26 + 33.

［34］林文益. 贸易经济学［M］. 北京：中国财政经济出版社，1995.

［35］林僖，鲍晓华. 区域服务贸易协定如何影响服务贸易流量？——基于增加值贸易的研究视角［J］. 经济研究，2018，53（1）：169 – 182.

［36］铃木武. 现代流通政策和课题［M］. 北京：中国商业出版社，1993.

［37］刘斌，王乃嘉，屠新泉. 贸易便利化是否提高了出口中的返回增加值［J］. 世界经济，2018，41（8）：103 – 128.

［38］刘斌，魏倩，吕越，祝坤福. 制造业服务化与价值链升级［J］. 经济研究，2016，51（3）：151 – 162.

［39］刘庆林，高越，韩军伟. 国际生产分割的生产率效应［J］. 经济研究，2010，45（2）：32 – 43 + 108.

［40］刘维刚，倪红福，夏杰长. 生产分割对企业生产率的影响［J］. 世界经济，2017，40（8）：29 – 52.

［41］刘重力，赵颖. 东亚区域在全球价值链分工中的依赖关系——基于 TiVA 数据的实证分析［J］. 南开经济研究，2014，30（5）：115 – 129.

［42］吕越，陈帅，盛斌．嵌入全球价值链会导致中国制造的"低端锁定"吗？［J］．管理世界，2018，34（8）：11－29．

［43］吕越，黄艳希，陈勇兵．全球价值链嵌入的生产率效应：影响与机制分析［J］．世界经济，2017，40（7）：28－51．

［44］吕越，吕云龙．全球价值链嵌入会改善制造业企业的生产效率吗——基于双重稳健－倾向得分加权估计［J］．财贸经济，2016，37（3）：109－122．

［45］吕越，罗伟，刘斌．融资约束与制造业的全球价值链跃升［J］．金融研究，2016，39（6）：81－96．

［46］吕越，罗伟，刘斌．异质性企业与全球价值链嵌入：基于效率和融资的视角［J］．世界经济，2015，38（8）：29－55．

［47］吕越，尉亚宁．全球价值链下的企业贸易网络和出口国内附加值［J］．世界经济，2020，43（12）：50－75．

［48］马丹，何雅兴，张婧怡．技术差距、中间产品内向化与出口国内增加值份额变动［J］．中国工业经济，2019，37（9）：117－135．

［49］马龙龙．流通产业结构［M］．北京：清华大学出版社，2006．

［50］马述忠，任婉婉，吴国杰．一国农产品贸易网络特征及其对全球价值链分工的影响——基于社会网络分析视角［J］．管理世界，2016，32（3）：60－72．

［51］倪红福，龚六堂，夏杰长．生产分割的演进路径及其影响因素——基于生产阶段数的考察［J］．管理世界，2016，32（4）：10－23＋187．

［52］倪红福，夏杰长．中国区域在全球价值链中的作用及其变化［J］．财贸经济，2016，37（10）：87－101．

［53］倪红福．全球价值链位置测度理论的回顾和展望［J］．中南财经政法大学学报，2019，47（3）：105－117＋160．

［54］倪红福．全球价值链中产业"微笑曲线"存在吗？——基于增加值平均传递步长方法［J］．数量经济技术经济研究，2016，33（11）：111－126＋161．

［55］潘文卿，李跟强．中国区域的国家价值链与全球价值链：区域互

动与增值收益 [J]．经济研究，2018，53（3）：171 - 186.

[56] 潘文卿，娄莹，李宏彬．价值链贸易与经济周期的联动：国际规律及中国经验 [J]．经济研究，2015，50（11）：20 - 33.

[57] 潘文卿，王丰国，李根强．全球价值链背景下增加值贸易核算理论综述 [J]．统计研究，2015，32（3）：69 - 75.

[58] 潘文卿，赵颖异．中国制造业嵌入国家价值链和全球价值链的产业 - 区域特征 [J]．技术经济，2019，38（3）：49 - 59.

[59] 裴长洪，倪江飞，李越．数字经济的政治经济学分析 [J]．财贸经济，2018，39（9）：5 - 22.

[60] 彭冬冬，杜运苏．中间品贸易自由化、融资约束与贸易方式转型 [J]．国际贸易问题，2016，42（12）：52 - 63.

[61] 乔均．转型期流通产业发展实证分析及对策研究 [J]．经济学动态，2000，29（10）：18 - 21.

[62] 邵朝对，李坤望，苏丹妮．国内价值链与区域经济周期协同：来自中国的经验证据 [J]．经济研究，2018，53（3）：187 - 201.

[63] 邵朝对，苏丹妮．国内价值链与技术差距——来自中国省际的经验证据 [J]．中国工业经济，2019，37（6）：98 - 116.

[64] 邵朝对，苏丹妮．全球价值链生产率效应的空间溢出 [J]．中国工业经济，2017，35（4）：94 - 114.

[65] 沈剑飞．流通活动、市场分割与国内价值链分工深度 [J]．财贸经济，2018，39（9）：89 - 104 + 121.

[66] 盛斌，景光正．金融结构、契约环境与全球价值链地位 [J]．世界经济，2019，42（4）：29 - 52.

[67] 盛斌，马涛．中间产品贸易对中国劳动力需求变化的影响：基于工业部门动态面板数据的分析 [J]．世界经济，2008，31（3）：12 - 20.

[68] 盛斌，苏丹妮，邵朝对．全球价值链、国内价值链与经济增长：替代还是互补 [J]．世界经济，2020，43（4）：3 - 27.

[69] 师少华．中间品贸易自由化对出口贸易附加值的影响机制研究 [J]．价格月刊，2017，33（9）：58 - 61.

[70] 宋渊洋，黄礼伟. 为什么中国企业难以国内跨地区经营？[J]. 管理世界，2014，30（12）：115 – 133.

[71] 苏丹妮，盛斌，邵朝对，陈帅. 全球价值链、本地化产业集聚与企业生产率的互动效应 [J]. 经济研究，2020，55（3）：100 – 115.

[72] 苏丹妮，盛斌，邵朝对. 国内价值链、市场化程度与经济增长的溢出效应 [J]. 世界经济，2019，42（10）：143 – 168.

[73] 苏庆义. 中国省级出口的增加值分解及其应用 [J]. 经济研究，2016，51（1）：84 – 98 + 113.

[74] 孙冶方. 孙冶方社会主义流通理论 [M]. 北京：中国展望出版社，1984.

[75] 唐海燕，张会清. 产品内国际分工与发展中国家的价值链提升 [J]. 经济研究，2009，44（9）：81 – 93.

[76] 唐未兵，傅元海，王展祥. 技术创新、技术引进与经济增长方式转变 [J]. 经济研究，2014，49（7）：31 – 43.

[77] 唐宜红，张鹏杨，梅冬州. 全球价值链嵌入与国际经济周期联动：基于增加值贸易视角 [J]. 世界经济，2018，41（11）：49 – 73.

[78] 王红霞. 要素流动、空间集聚与城市互动发展的定量研究——以长三角地区为例 [J]. 上海经济研究，2011，31（12）：45 – 55 + 63.

[79] 王孟欣. 美国 R&D 资本存量测算及对我国的启示 [J]. 统计研究，2011，28（6）：58 – 63.

[80] 王小鲁，樊纲，胡李鹏. 中国分省份市场化指数报告（2018）[M]. 北京：社会科学文献出版社，2019.

[81] 王玉燕，林汉川，吕臣. 全球价值链嵌入的技术进步效应——来自中国工业面板数据的经验研究 [J]. 中国工业经济，2014，32（9）：65 – 77.

[82] 王直，魏尚进，祝坤福. 总贸易核算法：官方贸易统计与全球价值链的度量 [J]. 中国社会科学，2015，36（9）：108 – 127 + 205 – 206.

[83] 魏浩，林薛栋. 进出口产品质量测度方法的比较与中国事实——基于微观产品和企业数据的实证分析 [J]. 财经研究，2017，43（5）：89 – 101.

[84] 魏悦羚，张洪胜. 进口自由化会提升中国出口国内增加值率吗——基

于总出口核算框架的重新估计 [J]. 中国工业经济, 2019, 37 (3): 24 - 42.

[85] 夏春玉, 丁涛. 孙冶方流通理论的回顾与再认识 [J]. 财贸经济, 2013, 34 (1): 74 - 81 + 118.

[86] 夏春玉. 当代流通理论: 基于日本流通问题的研究 [M]. 沈阳: 东北财经大学出版社, 2006.

[87] 谢莉娟, 陈锦然, 王诗桷. ICT 投资、互联网普及和全要素生产率 [J]. 统计研究, 2020, 37 (9): 56 - 67.

[88] 谢莉娟, 陈锦然, 王晓东. 中国国家价值链的生产率效应 [J]. 中国人民大学学报, 2021, 35 (2): 67 - 80.

[89] 谢莉娟, 陈锦然. 国家价值链与中国经济平衡发展——新发展格局下的理论与经验分析 [J]. 财贸经济, 2022, 43 (11): 140 - 155.

[90] 谢莉娟, 严玉珊, 张昊. 互联网与国内区域市场整合: 促进还是阻碍? ——基于空间计量的实证检验 [J]. 产业经济评论 (山东大学), 2018, 17 (4): 19 - 45.

[91] 谢莉娟, 张昊. 国内市场运行效率的互联网驱动——计量模型与案例调研的双重验证 [J]. 经济理论与经济管理, 2015, 35 (9): 40 - 55.

[92] 徐从才, 盛朝迅. 大型零售商主导产业链: 中国产业转型升级新方向 [J]. 财贸经济, 2012, 33 (1): 71 - 77.

[93] 徐从才. 流通理论研究的比较综合与创新 [J]. 财贸经济, 2006, 27 (4): 27 - 35 + 96.

[94] 徐康宁, 陈丰龙, 刘修岩. 中国经济增长的真实性: 基于全球夜间灯光数据的检验 [J]. 经济研究, 2015, 50 (9): 17 - 29 + 57.

[95] 徐康宁, 陈健. 跨国公司价值链的区位选择及其决定因素 [J]. 经济研究, 2008, 43 (3): 138 - 149.

[96] 徐现祥, 李书娟. 官员偏爱籍贯地的机制研究——基于资源转移的视角 [J]. 经济研究, 2019, 54 (7): 111 - 126.

[97] 许和连, 成丽红, 孙天阳. 离岸服务外包网络与服务业全球价值链提升 [J]. 世界经济, 2018, 41 (6): 77 - 101.

[98] 杨友才. 金融发展与经济增长——基于我国金融发展门槛变量的

分析 [J]. 金融研究, 2014, 37 (2): 59 - 71.

[99] 詹晓宁, 欧阳永福. 数字经济下全球投资的新趋势与中国利用外资的新战略 [J]. 管理世界, 2018, 34 (3): 78 - 86.

[100] 张昊. 国内商品贸易与居民消费水平——最终消费品及中间品流通的支撑作用 [J]. 商业经济与管理, 2019, 39 (6): 5 - 14.

[101] 张杰, 陈志远, 刘元春. 中国出口国内附加值的测算与变化机制 [J]. 经济研究, 2013, 48 (10): 124 - 137.

[102] 张杰, 郑文平. 全球价值链下中国本土企业的创新效应 [J]. 经济研究, 2017, 52 (3): 151 - 165.

[103] 张永林. 互联网、信息元与屏幕化市场——现代网络经济理论模型和应用 [J]. 经济研究, 2016, 51 (9): 147 - 161.

[104] 郑亚莉, 王毅, 郭晶. 进口中间品质量对企业生产率的影响: 不同层面的实证 [J]. 国际贸易问题, 2017, 43 (6): 50 - 60.

[105] 朱彤. 网络效应经济理论 [M]. 北京: 中国人民大学出版社, 2004.

[106] 诸竹君, 黄先海, 余骁. 进口中间品质量、自主创新与企业出口国内增加值率 [J]. 中国工业经济, 2018, 36 (8): 116 - 134.

[107] 祝合良, 石娜娜. 流通业在我国制造业价值链升级中的作用与提升路径 [J]. 商业经济与管理, 2017, 37 (3): 5 - 11.

[108] 祝合良. 中国商品流通的规范与发展 [M]. 北京: 首都经济贸易大学出版社, 2018.

[109] 左宪棠, 徐从才, 蒋玉珉. 社会主义商品流通经济学的研究对象 [J]. 安徽财贸学院学报, 1985, 6 (4): 57 - 62.

[110] Adams F G, Behrman J R. Commodity exports and economic development; the commodity problem and policy in developing countries [M]. Lexington Books, 1982.

[111] Afuah A, Tucci C L. A model of the internet as creative destroyer [J]. IEEE Transactions on Engineering Management, 2003, 50 (4): 395 - 402.

[112] Aguiar de Medeiros C, Trebat N. Inequality and income distribution in

global value chains [J]. Journal of Economic Issues, 2017, 51 (2): 401 –408.

[113] Aichele R, Heiland I. Where is the value added? Trade liberalization and production networks [J]. Journal of International Economics, 2018 (115): 130 –144.

[114] Amador J, Cabral S, Mastrandrea R, et al. Who's who in global value chains? A weighted network approach [J]. Open Economies Review, 2018, 29 (5): 1039 –1059.

[115] Amiti M, Wei S J. Does service offshoring lead to job losses? Evidence from the United States [M]. International trade in services and intangibles in the era of globalization. University of Chicago Press, 2009.

[116] Amiti M, Wei S J. Service offshoring and productivity: Evidence from the United States [R]. National Bureau of Economic Research, 2006.

[117] Anderton B, Brenton P. Outsourcing and low-skilled workers in the UK [J]. Bulletin of Economic Research, 1999, 51 (4): 267 –286.

[118] Antràs P, Chor D, Fally T, et al. Measuring the upstreamness of production and trade flows [J]. American Economic Review, 2012, 102 (3): 412 –16.

[119] Antràs P, Chor D. On the measurement of upstreamness and downstreamness in global value chains [R]. National Bureau of Economic Research, 2017.

[120] Antràs P, Chor D. Organizing the global value chain [J]. Econometrica, 2013, 81 (6): 2127 –2204.

[121] Antràs P, Helpman E. Global sourcing [J]. Journal of Political Economy, 2004, 112 (3): 552 –580.

[122] Antràs P. Firms, contracts, and trade structure [J]. The Quarterly Journal of Economics, 2003, 118 (4): 1375 –1418.

[123] Arkolakis C, Ganapati S, Muendler M A. The extensive margin of exporting products: A firm-level analysis [R]. National Bureau of Economic Research, 2010.

[124] Athukorala P, Kohpaiboon A. Intra-regional trade in East Asia: The de-

coupling fallacy, crisis, and policy challenges [R]. ADBI working paper, 2009.

[125] Audretsch D B, Feldman M P. R&D spillovers and the geography of innovation and production [J]. American Economic Review, 1996, 86 (3): 630 – 640.

[126] Awerbuch B, Holmer D, Nita-Rotaru C, et al. An on-demand secure routing protocol resilient to byzantine failures [C]. Proceedings of the 1st ACM workshop on Wireless security. 2002: 21 – 30.

[127] Bai C E, Du Y, Tao Z, et al. Local protectionism and regional specialization: evidence from China's industries [J]. Journal of International Economics, 2004, 63 (2): 397 – 417.

[128] Baldwin R, Robert-Nicoud F. Trade-in-goods and trade-in-tasks: An integrating framework [J]. Journal of International Economics, 2014, 92 (1): 51 – 62.

[129] Baldwin R, Yan B. Global value chains and the productivity of Canadian manufacturing firms [R]. Statistics Canada, 2014.

[130] Bas M, Berthou A. Financial reforms and foreign technology upgrading: firm level evidence fromIndia [R]. European Trade Study Group Working Paper, 2011.

[131] Bas M, Strauss-Kahn V. Input-trade liberalization, export prices and quality upgrading [J]. Journal of International Economics, 2015, 95 (2): 250 – 262.

[132] Bernard A B, Jensen J B. Exceptional exporter performance: cause, effect, orboth? [J]. Journal of International Economics, 1999, 47 (1): 1 – 25.

[133] Beverelli C, Stolzenburg V, Koopman R B, et al. Domestic value chains as stepping stones to global value chain integration [J]. The World Economy, 2019, 42 (5): 1467 – 1494.

[134] Bloom N, Draca M, Van Reenen J. Trade induced technical change? The impact of Chinese imports on innovation, IT and productivity [J]. The Review of Economic Studies, 2016, 83 (1): 87 – 117.

[135] Borin A, Mancini M. Measuring what matters in global value chains and value-added trade [R]. The World Bank, 2019.

[136] Burstein A, Kurz C, Tesar L. Trade, production sharing, and the international transmission of business cycles [J]. Journal of Monetary Economics, 2008, 55 (4): 775 –795.

[137] Cainelli G, Ganau R, Giunta A. Spatial agglomeration, global value chains, and productivity. Micro-evidence from Italy and Spain [J]. Economics Letters, 2018, 169: 43 –46.

[138] Chaney, T. Liquidity constrained exporters [J]. Journal of Economic Dynamics and Control, 2016, 72 (11): 141 –154.

[139] Chevalier J A, Kashyap A K. Best Prices: Price Discrimination and Consumer Substitution [R]. National Bureau of Economic Research, 2014.

[140] Chiarvesio M, Di Maria E, Micelli S. Global value chains and open networks: the case of Italian industrial districts [J]. European Planning Studies, 2010, 18 (3): 333 –350.

[141] Chor D, Manova K, Yu Z. Growing like China: firm performance and global production line position [R]. National Bureau of Economic Research, 2020.

[142] Chor D, Manova K, Yu Z. The global production line position of Chinese firms [C]. Industrial Upgrading and Urbanization Conference, 2014, 28: 29.

[143] Cohen W M, Levinthal D A. Innovation and learning: the two faces of R&D [J]. The Economic Journal, 1989, 99 (397): 569 –596.

[144] Czernich N, Falck O, Kretschmer T, et al. Broadband infrastructure and economic growth [J]. The Economic Journal, 2011, 121 (552): 505 –532.

[145] De Loecker J, Goldberg P K, Khandelwal A K, et al. Prices, mark-ups, and trade reform [J]. Econometrica, 2016, 84 (2): 445 –510.

[146] De Loecker J, Goldberg P K. Firm performance in a global market [J]. Annual Review of Economics, 2014, 6 (1): 201 –227.

[147] De Loecker J, Warzynski F. Markups and firm-level export status [J]. American Economic Review, 2012, 102 (6): 2437 –71.

[148] Dean J M, Fung K C, Wang Z. Measuring vertical specialization: The case of China [J]. Review of International Economics, 2011, 19 (4): 609 – 625.

[149] Di Giovanni J, Levchenko A A, Mejean I. The micro-origins of international business-cycle comovement [J]. American Economic Review, 2018, 108 (1): 82 – 108.

[150] Di Giovanni J, Levchenko A A. Putting the parts together: trade, vertical linkages, and business cycle comovement [J]. American Economic Journal: Macroeconomics, 2010, 2 (2): 95 – 124.

[151] Dietzenbacher E, Velázquez E. Analysing Andalusian virtual water trade in an input-output framework [J]. Regional Studies, 2007, 41 (2): 185 – 196.

[152] Dietzenbacher E. Waste treatment in physical input-output analysis [J]. Ecological Economics, 2005, 55 (1): 11 – 23.

[153] Dovis M, Zaki C. Global Value Chains and Local Business Environments: Which Factors Really Matter in Developing Countries? [J]. Review of Industrial Organization, 2020, 57 (2): 481 – 513.

[154] Duval R, Li N, Saraf R, et al. Value-added trade and business cycle synchronization [J]. Journal of International Economics, 2016 (99): 251 – 262.

[155] Eslava M, Haltiwanger J, Kugler A, et al. Trade and market selection: Evidence from manufacturing plants in Colombia [J]. Review of Economic Dynamics, 2013, 16 (1): 135 – 158.

[156] Falk M, Wolfmayr Y. International outsourcing and productivity growth [R]. FIW Research Reports, 2008.

[157] Fally T. Production staging: measurement and facts [R]. University of Colorado Boulder Working Paper, 2012.

[158] Feenstra R C, Hanson G H. Globalization, outsourcing, and wage inequality [R]. National Bureau of Economic Research, 1996.

[159] Feenstra R C, Li Z, Yu M. Exports and credit constraints under incomplete information: Theory and evidence from China [J]. Review of Economics and Statistics, 2014, 96 (4): 729 – 744.

［160］ Flach L. Quality upgrading and price heterogeneity: Evidence from Brazilian exporters ［J］. Journal of International Economics, 2016 (102): 282 –290.

［161］ Frankel J A, Rose A K. The endogenity of the optimum currency area criteria ［J］. The Economic Journal, 1998, 108 (449): 1009 – 1025.

［162］ Fritsch U, Görg H. Outsourcing, importing and innovation: Evidence from firm-level data for emerging economies ［J］. Review of International Economics, 2015, 23 (4): 687 – 714.

［163］ Geishecker I, Görg H. Winners and losers: A micro-level analysis of international outsourcing and wages ［J］. Canadian Journal of Economics, 2008, 41 (1): 243 – 270.

［164］ Girma S, Görg H. Outsourcing, foreign ownership, and productivity: evidence from UK establishment-level data ［J］. Review of International Economics, 2004, 12 (5): 817 – 832.

［165］ Giuliani E. Multinational corporations and patterns of local knowledge transfer in Costa Rican high-tech industries ［J］. Development and Change, 2008, 39 (3): 385 – 407.

［166］ Glass A J, Saggi K. Innovation and wage effects of international outsourcing ［J］. European Economic Review, 2001, 45 (1): 67 – 86.

［167］ Gnyawali D R, Madhavan R. Cooperative networks and competitive dynamics: A structural embeddedness perspective ［J］. Academy of Management review, 2001, 26 (3): 431 – 445.

［168］ Greenaway D, Hine R C, Wright P. An empirical assessment of the impact of trade on employment in the United Kingdom ［J］. European Journal of Political Economy, 1999, 15 (3): 485 – 500.

［169］ Grossman G M, Rossi-Hansberg E. Trading tasks: A simple theory of offshoring ［J］. American Economic Review, 2008, 98 (5): 1978 – 97.

［170］ Grossman G M, Helpman E. Integration versus outsourcing in industry equilibrium ［J］. The Quarterly Journal of Economics, 2002, 117 (1): 85 – 120.

［171］ Grossman G M, Helpman E. Outsourcing in a global economy ［J］.

The Review of Economic Studies, 2005, 72 (1): 135 – 159.

[172] Guariglia A, Poncet S. Could financial distortions be no impediment to economic growth after all? Evidence from China [J]. Journal of Comparative Economics, 2008, 36 (4): 633 – 657.

[173] Gulati R, Nohria N, Zaheer A. Strategic networks [J]. Strategic Management Journal, 2000, 21 (3): 203 – 215.

[174] Görg H, Hanley A. International outsourcing and productivity: evidence from the Irish electronics industry [J]. The North American Journal of Economics and Finance, 2005, 16 (2): 255 – 269.

[175] Helpman E, Melitz M, Rubinstein Y. Estimating trade flows: Trading partners and trading volumes [J]. The Quarterly Journal of Economics, 2008, 123 (2): 441 – 487.

[176] Hodler R, Raschky P A. Regional favoritism [J]. The Quarterly Journal of Economics, 2014, 129 (2): 995 – 1033.

[177] Hollweg C H. Global value chains and employment in developing economies [R]. The World Bank, 2019.

[178] Hummels D, Ishii J, Yi K M. The nature and growth of vertical specialization in world trade [J]. Journal of International Economics, 2001, 54 (1): 75 – 96.

[179] Humphrey J, Schmitz H. How does insertion in global value chains affect upgrading in industrial clusters? [J]. Regional Studies, 2002, 36 (9): 1017 – 1027.

[180] Inomata S. A new measurement for international fragmentation of the production process: an international input-output approach [R]. Institute of Developing Economies, Japan External Trade Organization (JETRO), 2008.

[181] Ivarsson I, Alvstam C G. Supplier upgrading in the home-furnishing value chain: an empirical study of IKEA's sourcing in China and South East Asia [J]. World Development, 2010, 38 (11): 1575 – 1587.

[182] Johnson R C, Noguera G. Fragmentation and trade in value added

over four decades [R]. National Bureau of Economic Research, 2012.

[183] Johnson R C. Measuring global value chains [J]. Annual Review of Economics, 2018 (10): 207 – 236.

[184] Jones C I. Intermediate goods and weak links in the theory of economic development [J]. American Economic Journal: Macroeconomics, 2011, 3 (2): 1 – 28.

[185] Jones R W, Kierzkowski H. Horizontal aspects of vertical fragmentation [M]. Global production and trade in East Asia. Springer, 2001: 33 – 51.

[186] Ju J D, Yu X D. Productivity, profitability, production and export structures along the value chain in China [J]. Journal of Comparative Economics, 2015, 43 (1): 33 – 54.

[187] Katz, M. L., and C. Shapiro. Network Externalities, Competition, and Compatibility [J]. American Economic Review, 1985, 75 (3): 424 – 440.

[188] Kee H L, Tang H. Domestic Value Added in Exports: Theory and Firm Evidence from China [J]. American Economic Review, 2016, 106 (6): 1402 – 1436.

[189] Kim S, Lee J W, Park C Y. Emerging Asia: decoupling or recoupling [J]. The World Economy, 2011, 34 (1): 23 – 53.

[190] Koopman R, Powers W, Wang Z, et al. Give credit where credit is due: Tracing value added in global production chains [R]. National Bureau of Economic Research, 2010.

[191] Koopman R, Wang Z, Wei S J. Estimating domestic content in exports when processing trade is pervasive [J]. Journal of Development Economics, 2012, 99 (1): 178 – 189.

[192] Koopman R, Wang Z, Wei S J. Tracing value-added and double counting in gross exports [J]. American Economic Review, 2014, 104 (2): 459 – 94.

[193] Kose M A, Yi K M. Can the standard international business cycle model explain the relation between trade and comovement? [J]. Journal of Interna-

tional Economics, 2006, 68 (2): 267 – 295.

[194] Krugman P. Scale economies, product differentiation, and the pattern of trade [J]. American Economic Review, 1980, 70 (5): 950 – 959.

[195] Lin G, Wang F, Pei J. Global value chain perspective of US-China trade and employment [J]. The World Economy, 2018, 41 (8): 1941 – 1964.

[196] Liu J, Lin X. Empirical analysis and strategy suggestions on the value-added capacity of photovoltaic industry value chain in China [J]. Energy, 2019 (180): 356 – 366.

[197] Los B, Timmer M P, de Vries G J. Tracing value-added and double counting in gross exports: Comment [J]. American Economic Review, 2016, 106 (7): 1958 – 1966.

[198] López R A, Yadav N. Imports of intermediate inputs and spillover effects: Evidence from Chilean plants [J]. The Journal of Development Studies, 2010, 46 (8): 1385 – 1403.

[199] Macchiavello R. Financial development and vertical integration: theory and evidence [J]. Journal of the European Economic Association, 2012, 10 (2): 255 – 289.

[200] Madhavan R, Grover R. From embedded knowledge to embodied knowledge: New product development as knowledge management [J]. Journal of Marketing, 1998, 62 (4): 1 – 12.

[201] Mahutga M C. When do value chains go global? A theory of the spatialization of global value chains [J]. Global Networks, 2012, 12 (1): 1 – 21.

[202] Manova K, Yu Z. Firms and credit constraints along the value-added chain: processing trade in China [R]. National Bureau of Economic Research, 2012.

[203] Manova K. Credit constraints, heterogeneous firms, and international trade [J]. Review of Economic Studies, 2013, 80 (2): 711 – 744.

[204] Melitz M J. The impact of trade on intra-industry reallocations and aggregate industry productivity [J]. Econometrica, 2003, 71 (6): 1695 – 1725.

［205］Meng B. Domesticvalue chains in the People's Republic of China and their linkages with the global economy ［M］. Uncovering Value Added in Trade: New Approaches to Analyzing Global Value Chains. World Scientific Publishing Company, 2016: 113 – 139.

［206］Miller R E, Temurshoev U. Output upstreamness and input downstreamness of industries/countries in world production ［J］. International Regional Science Review, 2017, 40 (5): 443 – 475.

［207］Miroudot S, Ye M. Decomposing value added in gross exports ［J］. Economic Systems Research, 2020: 1 – 21.

［208］Miroudot S. Services in Global Value Chains: From Inputs to Value-Creating Activities ［R］. Organisation for Economic Co-operation and Development (OECD) Trade Policy Paper, 2016.

［209］Ng E C Y. Production fragmentation and business-cyclecomovement ［J］. Journal of International Economics, 2010, 82 (1): 1 – 14.

［210］Pahl S, Timmer M P. Do global value chains enhance economic upgrading? A long view ［J］. The Journal of Development Studies, 2020, 56 (9): 1683 – 1705.

［211］Parteka A, Tamberi M. What determines export diversification in the development process? Empirical assessment ［J］. The World Economy, 2013, 36 (6): 807 – 826.

［212］Perez-Aleman P, Sandilands M. Building value at the top and the bottom of the global supply chain: MNC-NGO partnerships ［J］. California Management Review, 2008, 51 (1): 24 – 49.

［213］Pietrobelli C, Saliola F. Power relationships along the value chain: multinational firms, global buyers and performance of local suppliers ［J］. Cambridge Journal of Economics, 2008, 32 (6): 947 – 962.

［214］Qu C, Shao J, Cheng Z. Can embedding in global value chain drive green growth in China's manufacturing industry? ［J］. Journal of Cleaner Production, 2020 (268): 121962.

[215] Rodrik, D. Has Globalization Gone Too Far? [M]. Peterson Institute for International Economics, 1997.

[216] Rogers E M. Diffusion of preventive innovations [J]. AddictiveBehaviors, 2002, 27 (6): 989 –993.

[217] Schmitz H. Local upgrading in global chains: recent findings [C]. Paper for DRUID Summer Conference, 2004.

[218] Schott P K. Across-product versus within-product specialization in international trade [J]. The Quarterly Journal of Economics, 2004, 119 (2): 647 –678.

[219] Şeker M. Importing, exporting, and innovation in developing countries [J]. Review of International Economics, 2012, 20 (2): 299 –314.

[220] Shapiro C, Varian H R. Information rules: A strategic guide to the network economy [M]. Harvard Business Press, 1998.

[221] Stehrer R. Trade in value added and the valued added in trade [R]. Wiiw Working Paper, 2012.

[222] Suganuma K. Upstreamness in the Global Value Chain: Manufacturing and Services [C]. Meeting of the Japanese Economic Association at Nagoya University on June, 2016 (18): 19.

[223] Taglioni D, and Winkler D. Making Global Value Chains Work for Development [R]. The World Bank, 2016.

[224] Upward R, Wang Z, Zheng J. Weighing China's export basket: The domestic content and technology intensity of Chinese exports [J]. Journal of Comparative Economics, 2013, 41 (2): 527 –543.

[225] Van Pottelsberghe B, Lichtenberg F. International R&D spillovers comment [R]. ULB—Universite Libre de Bruxelles, 1998.

[226] Wang Z, Wei S J, Yu X, et al. Characterizing global value chains: Production length and upstreamness [R]. National Bureau of Economic Research, 2017.

[227] Wang Z, Wei S J, Zhu K. Quantifying international production sha-

ring at the bilateral and sector levels [R]. National Bureau of Economic Research, 2013.

[228] Weder R. How domestic demand shapes the pattern of international trade [J]. The World Economy, 1996, 19 (3): 273 - 286.

[229] Yang N, Hong J, Wang H, et al. Global value chain, industrial agglomeration and innovation performance in developing countries: insights from China's manufacturing industries [J]. Technology Analysis & Strategic Management, 2020, 32 (11): 1307 - 1321.

[230] Ye M, Meng B, Wei S. Measuring smile curves in global value chains [R]. IDE Discussion Paper, 2015.

[231] Zweimüller J, Brunner J K. Innovation and growth with rich and poor consumers [J]. Metroeconomica, 2005, 56 (2): 233 - 262.